Siegfried Zelnhefer

Das Nürnberger Christkind

ars vivendi

Impressum

1. Auflage Oktober 2021

Bauhof 1, 90556 Cadolzburg

www.arsvivendi.com

Gestaltung: Annalena Weber – Buchdesign
Lektorat: Carmen Wurm
Bildbearbeitung: Reprostudio Harald Schmidt
Druck und Bindung: Pustet, Regensburg

Umschlagabbildung: Sternenstaub – Christkind Teresa Treuheit 2013
bei der Märchenstunde © Stadt Nürnberg/Christine Dierenbach

Printed in Germany
ISBN 978-3-7472-0314-9

Vorwort

Der Nürnberger Christkindlesmarkt ist weltberühmt. Jährlich verzeichnet er über zwei Millionen Besucherinnen und Besucher. Manchmal auch mehr. Die Ursprünge reichen Jahrhunderte zurück. Was das »Städtlein aus Holz und Tuch« besonders herausragen lässt, ist sein Aushängeschild: das Nürnberger Christkind. Seit 1948 haben 28 Mädchen und junge Frauen dieses Amt ausgeübt. Christkindlesmarkt und Christkind gehören zusammen. Die Fernsehbilder der alljährlichen Eröffnungszeremonie des Markts durch das Christkind gehen um die ganze Welt. In den sozialen Medien wird jeder Auftritt des Christkinds in Sekundenschnelle geteilt.

Das Nürnberger Christkind ist Repräsentantin »seines« Markts und in den Wochen vor Weihnachten die wichtigste Botschafterin der Stadt Nürnberg. In dieser Zeit hat auch der Oberbürgermeister in die zweite Reihe zu treten. Man muss nicht (mehr) an das Christkind glauben, um sich in seinen Bann ziehen zu lassen. Die Faszination erfasst alle Generationen. Die engelsgleiche Gestalt entführt die Menschen in eine andere Welt, weckt Erinnerungen und lässt manche Kinderträume wahr werden. Nicht nur, weil das Christkind bekanntermaßen die Geschenke bringt. Es gewährt Eintritt in den Raum zwischen Realität und Illusion.

Die Figur in ihrer spezifischen Nürnberger Prägung hat in den vergangenen Jahrzehnten stetig an Profil gewonnen. Dabei gibt es kein Handbuch, in dem steht, wie »das« Christkind zu sein hat oder was ein Christkind ausmacht. Die Aufgaben haben sich kontinuierlich erweitert. Viele Menschen hatten und haben Anteil an der Entwicklung des Nürnberger Christkinds – vor allem die Christkinder selbst. Das Nürnberger Christkind des 21. Jahrhunderts ist auch das Ergebnis eines wunderbaren Zusammenspiels von vielen Menschen mit ihrem Einsatz, ihrer Nachdenklichkeit, ihren Gefühlen, ihrer Leidenschaft und ihrer Professionalität.

1969 konnten sich erstmals junge Nürnbergerinnen für dieses Ehrenamt bewerben. Seither wird alle zwei Jahre ein neues Christkind gewählt. Eben-

Christkindles Markt
VOM 4.– 24. 12. 1948
AM HAUPTMARKT

Christkindlesmarkt
NÜRNBERG
1949, VOM 7.-24. DEZEMBER

CHRISTKINDLESMARKT
GÄRTNER | BURGHART
NÜRNBERG 5.-24. DEZEMBER 1950

Christkindlesmarkt
Nürnberg 4.-24. Dez. 1951

falls seit diesem Zeitpunkt wird das Christkind von Mitarbeiterinnen und Mitarbeitern des Presse- und Informationsamts (seit 2021: Amt für Kommunikation und Stadtmarketing) der Stadt Nürnberg betreut. Ich hatte das Glück, bis 2020 diese Kommunikationszentrale der Stadt Nürnberg fast 18 Jahre lang leiten zu dürfen. Der Pressechef der Stadt ist auch Vorsitzender der Jury, die das neue Christkind kürt. Als teilnehmendem Beobachter war mir schnell klar, welch immense Bedeutung das Nürnberger Christkind für das Renommee der Stadt hat, und – wie vielschichtig diese Figur ist. Dass sie irgendwie aus der Zeit gefallen scheint, macht sie heute umso wertvoller. In einer nüchternen Welt berührt sie die Herzen der Menschen.

Der Nürnberger Christkindlesmarkt spiegelt sich seit Jahrzehnten in zahlreichen Veröffentlichungen. Nicht jedoch das Nürnberger Christkind. Dieses Buch versucht erstmals, das Nürnberger Christkind in den Mittelpunkt der Betrachtung zu stellen und Blicke hinter die Kulissen zu eröffnen. Alle Christkinder haben viel erlebt. Manche ihrer eigenen Geschichten werden hier erstmals veröffentlicht. Das Buch basiert auf Archiv- und Zeitungsrecherchen. Das Amt für Kommunikation und Stadtmarketing hat zahlreiche Akten zur Verfügung gestellt. Aber auch persönliche Erinnerungen und Beobachtungen fließen ein. Sehr wertvoll waren die zahlreichen Gespräche mit beteiligten Personen, vor allem mit den Christkindern, ihren Betreuerinnen, Helferinnen und Helfern. Ohne ihre große Unterstützung hätte dieses Buch in der vorliegenden Form nicht zustande kommen können.

Bereits an dieser Stelle sei besonders Stephanie Jank gedankt. Das Christkind der Jahre 1999 und 2000 hat sich am Ende des Studiums für das Lehramt an Grundschulen im Jahr 2006 in einer wissenschaftlichen Hausarbeit sehr fundiert mit dem Nürnberger Christkind beschäftigt und wertvolle Grundlagenarbeit geleistet. Sie hat ihre Untersuchung für dieses Buch zur Verfügung gestellt. Dank gebührt auch meiner ehemaligen Presseamtskollegin (und Christkindlesmarkt-Expertin) Annamaria Böckel, die drei wesentliche Kapitel zu diesem Buch beigesteuert hat.

»Das Christkind lädt zu seinem Markte ein, und wer da kommt, der soll willkommen sein«, heißt es am Schluss des Eröffnungsprologs. Dieses Buch lädt dazu ein, einer einmaligen Nürnberger Tradition mit einem ganz besonderen Zauber nachzuspüren.

Siegfried Zelnhefer

Heiße Würste
Einbahnstraße
ettungsweg
ZONE
Marktbeschicker zum
Christkindlesmarkt
von 22-9[h] frei
Glühwein
WC

Vom Kindles-Marck zum Christkindles-markt

Zur Geschichte

Von Annamaria Böckel

Wenige Tage vor der Eröffnung des Christkindlesmarkts lädt die Stadt Nürnberg in jedem Jahr zu einer Pressekonferenz ein. Die wiederkehrende Frage der Medienvertreterinnen und -vertreter, was es denn in diesem Jahr Neues auf dem Markt gebe, könnten der Wirtschaftsreferent oder die Marktamtsleiterin am einfachsten mit einem schlichten »nicht viel« beantworten. Das ist weniger Ausdruck von fehlender Innovationsfreude als vielmehr Beweis qualitativer Beständigkeit. Natürlich gehen die Veranstalter auch neue Wege, um den Markt für die Besucherströme aus Nah und Fern attraktiv zu erhalten. So gibt es seit einigen Jahren ein wachsendes Sortiment an Waren mit Biosiegel oder den ein oder anderen Wechsel in der Liste der Händler. Doch im Kern bleibt das Gesicht des Christkindlesmarkts unverändert, stehen Jahr für Jahr die Buden mit den Zwetschgenmännern nahe bei der großen Krippe und verkaufen Marktbeschicker in der x-ten Generation die typischen Nürnberger Rauschgoldengel.

Ein Blick in die Liste der zugelassenen Händler aus dem Jahr 1737 beweist, dass der Markt schon damals mit einem breiten Warenangebot glänzte: Zwischen A wie Alabasterer, die Puppengeschirr verkauften, und Z wie Zuckerbäcker reihten sich Bürstenbinder, Buchmacher, Dockenmacher (Puppenmacher), Drechsler, Flaschner, Goldschmiede, Haubenmacher, Heftleinmacher (Hersteller von Nadeln), Messerschmiede, Porzellanhändler, Rotschmiede, Spiegler und Wachspoussierer in die Riege der Handwerker und Händler ein. 140 Personen durften damals ihre Waren anbieten. Wenn man dem die rund 200 Buden gegenüberstellt, die heute zur Adventszeit auf dem Hauptmarkt stehen, muss der Christkindlesmarkt bereits im frühen 18. Jahrhundert eine beachtliche Größe gehabt haben.

Das Germanische Nationalmuseum in Nürnberg hütet eine bemalte Spanschachtel mit der ältesten Erwähnung des Christkindlesmarkts im Jahr 1628.

Immerhin war er damals auch schon gute hundert Jahre alt. Fälschlicherweise wird der Nürnberger manchmal als der älteste Weihnachtsmarkt Deutschlands bezeichnet. Wann genau er entstand, ist nicht sicher. Zumindest hat der Dresdner Striezelmarkt, der ähnlich berühmt und bei Touristen beliebt ist wie der Christkindlesmarkt, in Sachen Alter die Nase vorn. Sein erster bekannter schriftlicher Beleg stammt aus dem Jahr 1434 als eintägiger Fleischmarkt am Tag vor dem Heiligen Abend. Wien kann den Nikolausmarkt sogar bis ins Jahr 1296 zurückverfolgen. Der älteste Nachweis für den Nürnberger Weihnachtsmarkt ist im Besitz des Germanischen Nationalmuseums: Auf der Unterseite einer mit Blumen verzierten Spanschachtel ist zu lesen: »Regina Susanna Harßdörfferin von der Jungfrau Susann Eleonora Erbsin (oder Elbsin) zum Kindles-Marck überschickt 1628«.

Von Einkäufen zur Vorweihnachtszeit zeugen Quellen aber bereits früher. So sorgten sich die Verantwortlichen um die Nürnberger Kinder und beschlagnahmten mit einem Ratsverlass unzüchtige Scherzartikel, die der Drechsler Jobst Friedrich Entner 1610 zum »Kindleinsbescheren« angeboten hatte. Gerne wüsste man, welche Figuren gehindert wurden, aus kleinen hölzernen Kästchen zu springen. Die Wirkung war wohl derb genug, um den sittlichen Anstand der Jugend zu gefährden. Grund zur Klage hatte auch der Pfarrer der Sebalduskirche. Am Heiligen Abend des Jahres 1616 kam Pfarrer Lüder nicht mehr gegen den vorweihnachtlichen Kaufrausch an, musste gar die Vesper ausfallen lassen, da »wegen Einkaufens zum Kindleinsbescheren keine Leut vorhanden gwest«. Der Historiker Werner Schultheiß schlussfolgerte 1963 in einem Aufsatz, dass sich der Christkindlesmarkt zwischen 1610 und 1639, als er erstmals als »Christmesse« erwähnt wurde, in Nürnberg etablierte. Aus Ratsbeschlüssen leitete Schultheiß her, dass der Markt Anfang Dezember, rund drei Wochen vor dem Weihnachtsfest, begann. Als »Christkindleinsmarkt« vermerkte ihn 1697 der Altdorfer Universitätsprofessor Johann Christoph Wagenseil in der Stadtgeschichte *De ... Civitate Noribergensi Commentatio ...*

Wie andere Weihnachtsmärkte entstand auch der Nürnberger neben einem Gotteshaus, der Frauenkirche auf dem Hauptmarkt. Der Theologe und Journalist Matthias Morgenstern vermutet, dass das Warenangebot die Kauflust der weihnachtlichen Kirchgänger wecken sollte. An Weihnachten hatten die Menschen Geld in der Tasche, und auch das Gesinde konnte sich dank des »Weihnachtstalers« seiner Herrschaft die ein oder andere Anschaffung leisten. Es wundert daher nicht, dass die Händler immer wieder neue Geschäftsideen hatten, wenn auch nicht immer zum Gefallen des Rats der Stadt. 1729 zeigte er sich als strenger Hüter der Tradition und erteilte der Idee eines Goldschmieds, auf dem Christkindlesmarkt nicht nur mit Schmuck, sondern auch mit einer Lotterie Gewinne zu erzielen, eine Absage.

Von einer Art Nebenmarkt, dem »kleinen Kindleinsmarkt« auf der Fleischbrücke, berichtet Benedict Wilhelm Zahn um 1800 in seiner Handschrift *Nürnberger Sprichwörter und deren Erklärung*. Der reichsstädtische Beamte bewertete die Spielsachen, die hier bereits ab November verkauft wurden, als von geringem Wert. Der eigentliche »Kindleins- oder Christmarkt« bot nach seiner Beschreibung dann ab dem Barbaratag (4. Dezember) und bis einige Tage nach Weihnachten ein breites Sortiment dessen, was die Nürnberger Handwerker herstellten. In zwei Reihen hölzerner Buden, die auf dem Hauptmarkt aufgestellt waren, lief das Geschäft mit den Weihnachtsgeschenken nicht nur tagsüber, sondern auch in den Abendstunden bei Beleuchtung. Ein Besuch war für die Nürnberger damals schon ein Muss. »Eltern schicken oder führen ihre Kinder, Freier ihre Verlobten auf denselben und machen ihnen mit dem ein oder anderen Gegenstand, der ihnen vorzüglich gefällt, ein Geschenk«, zitiert der Mundartforscher Herbert Maas die Beschreibung Zahns. Weiter ist nachzulesen, dass der Thomastag am 21. Dezember der wichtigste Besuchstag auf dem Christkindlesmarkt war. Zu diesem Zeitpunkt begannen für die Studenten der Universität Altdorf die Weihnachtsferien. Sie kamen zu Besuch zu ihren Familien und kauften auf dem Markt Weihnachtsgeschenke. Auch heute noch erkennt man am letzten Sonntag vor Weihnachten, der mittlerweile als Thomastag begangen wird, auf dem Christkindlesmarkt etliche Studenten und Alte Herren aus Studentenverbindungen an ihren Mützen und Bändern.

Warum und wann genau der Markt in den folgenden Jahrzehnten an Attraktivität einbüßte, lässt sich aus heutiger Sicht schwer nachvollziehen. Sicher ist, dass der Platz enger wurde, als die Stadt für den Wochenmarkt 1809 dreireihige, feste Verkaufsstände errichten ließ. Diese Kolonnaden gaben dem weiten Platz einen völlig neuen Raumeindruck und waren schon bei manchen Zeitgenossen nicht besonders beliebt. Nachdem sie 1895 wieder entfernt worden waren, blieben dem Christkindlesmarkt noch drei Jahre, bevor er – angeblich aus Verkehrsgründen, wie immer wieder zu lesen ist – mehrmals den Standort wechselte, zunächst 1898 auf die Insel Schütt, 1917 auf die Fleischbrücke, 1919 vor das Gewerbemuseum, dann ans Prinzregentenufer und 1923 schließlich in die Norishalle am Marientorgraben. Ob die Nürnberger in der Zeit nach dem Ersten Weltkrieg und in den folgenden wirtschaftlich unsicheren Zeiten die Muße und das Geld für ausgedehnte Weihnachtseinkäufe hatten, ist fraglich. Vermutlich war der bescheidene Markt, den es in der Adventszeit noch gab, nur ein schwacher Abklatsch des Vorläufers.

Umso erstaunlicher wirkt es zunächst, dass die Nationalsozialisten, die den Christkindlesmarkt wieder auf den Hauptmarkt zurückbrachten, sich auf alte Traditionen beriefen. Der Historiker Matthias Klaus Braun bewertet die Förderung und Umdeutung althergebrachten Brauchtums als geschickten Schachzug, um in der Bevölkerung Vertrauen in die neuen Machthaber zu wecken. Feste und Feiern, wie sie bekannt und überliefert waren, sollten den Menschen einen »gemeinsamen Identifikationspunkt« bieten. Der 1897 geborene Oberbürgermeister Willy Liebel konnte gar keine eigene Erinnerung mehr an einen Christkindlesmarkt auf dem Hauptmarkt haben. Aber er nahm die Anregung von Rechtsrat Christoph Schulz, der sich um die Aufwertung Nürnbergs als »Stadt der Reichsparteitage« bemühte und dabei auf den früheren Christkindlesmarkt stieß, begeistert auf. Gerade der Hauptmarkt, inzwischen Adolf-Hitler-Platz, spielte in der Inszenierung der Reichsparteitage eine bedeutende Rolle.

In einem Beitrag, der im August 1933 in verschiedenen Zeitungen erschien, schrieb Liebel: »Nun ist zusammen mit dem Plan, den einzigartigen Adolf-Hitler-Platz in Nürnberg zum schönsten Platz in unserem deutschen Vaterlande zu gestalten, auch der Wunsch aufgetaucht, ihn während

Seite 10 Montag-Ausgabe — Fränkischer Kurier

Ein unvergänglich lichter Schein ...

Der Nürnberger Christkindlesmarkt wurde feierlich eröffnet

Da leuchteten die Kinderaugen dem Nürnberger Christkind entgegen ... — Phot.: Bauer („Fränk. Kur.")

Der Nürnberger Christkindlesmarkt ist zu einem rechten Herzstück der deutschen Weihnacht geworden. Die ganze vorweihnachtliche Atmosphäre der alten, so stimmungsvollen Stadt findet hier ihren Höhepunkt. Der wunderbare Platz mit seinen schönen Giebeln, mit seiner warmen, im Advent durch tausend Erwartungen verzauberten Stimmung umfängt des Christkinds Budenstadt, die sich zu Füßen der Frauenkirche ausbreitet wie ein kostbarer Rahmen. Wessen Seele noch empfänglich ist für das Geheimnis dieser Tage, wer noch nicht allen Glanz aus Kindertagen in sich auslöschte: hier, auf dem Nürnberger Christkindlesmarkt erwachen für ihn alte Träume, uralte Seligkeiten und die verlorenen Paradiese der Kindheit zu neuem, unmittelbarem und mitreißendem Leben.

Es ist nur natürlich, daß der Klang, der von hier ausgeht, weit hinauswirkt in die Lande, ins Reich, in die Welt. Aus weiter Ferne kamen in den letzten Jahren Gäste nach Nürnberg, um hier Zeugen der innerlichen Verbindung dieser so deutschen Stadt mit allen Wundern der Weihnacht zu werden. Der Rundfunk trägt die Botschaft des Nürnberger Christkinds und das Läuten der Nürnberger Adventsglocken weit fort, auch nach Uebersee.

Der „unvergänglich lichte Schein", der über dem Ganzen liegt, ergreift unser Herz und unser Gemüt mit unmittelbarer starker Gewalt.

Die Eröffnung des Christkindlesmarktes fand am Sonntag abend statt. Sie vollzog sich in den feierlichen Formen, die nun schon zur Ueberlieferung geworden sind; ihre Bestätigung erhalten sie durch den echten Glanz, der sich in vielen Tausenden von Kinderaugen spiegelt.

Feierlich erklangen um sechs Uhr vom Mauerkranz der Frauenkirche die Posaunen. In der festlichen Tracht mittelalterlicher Stadtmusikanten trugen unsere Artilleriemusiker unter Stabsmusikmeister Brandt die alten Weihnachtslieder vor. Nachdem die Klänge von „Es ist ein Ros entsprungen" verhallt waren, erscholl das ewige deutsche Weihnachtslied „Stille Nacht, Heilige Nacht", mit hellen Stimmen gesungen vom Kinderchor unter Leitung Waldemar Klinks. Dann erschien, unter einem mit goldenen Sternen überstrahlten Baldachin, in leuchtender Lichterflut das Christkind und wandte sich an seine Zuhörer:

Zu dir, mein Nürnberg, komm' ich wieder,
naht sich doch jetzt die Weihnachtszeit,
schon klingen altvertraute Lieder
durch deutsche Lande weit und breit.
Am rauschenden Meer, auf märkischem [illegible]
und von der Heide bis zum Rhein,
von Danzig bis zum Heldenrande
zieht deutsche Weihnacht wieder ein.

Da ist ein heimlich Ueberlegen:
Wie magst den andern du erfreu'n?
Da ist ein emsiges Schweigen,
ein Werkeln und Geschäftigsein.
Da ist ein stilles Vorbereiten,
und vor den Läden schaut das Kind
die tausend schönen Herrlichkeiten,
die drinnen ausgebreitet sind.

Und hier erst um den Schönen Brunnen
sind all die Buden aufgereiht.
Wie mutet an uns so versonnen
und so verträumt die kleine Welt!
Wer kennt nicht all die bunten Gaben,
kennt nicht den lieben alten Tand,
den wir ins Herz geschlossen haben
als Gruß aus fernem Kinderland?

O, welche Stadt ist so getragen
vom Weihnachtszauber immerzu
in diesen stillen Wintertagen
als du, mein liebes Nürnberg, du?
Und welche Stadt in deutschen Landen
wär' dir, mein altes Nürnberg, gleich,
das nun zu neuem Glanz erstanden
im heil'gen ew'gen Deutschen Reich?

Friedvolle Stadt, die rings sich weitet
und sanft hinsteigt zur Burg empor,
welch' zarter Hauch liegt doch gebreitet
auf Haus und Gassen, Turm und Tor!
Wie liegt auf dir aus weiter Ferne
ein unvergänglich lichter Schein,
vom Himmel leuchten tausend Sterne,
die Glocken läuten Weihnacht ein!

Andächtig lauschten die Tausende dem Gruß des Christkinds. Dann erscholl das festlichste unserer Weihnachtslieder, das Lied von der fröhlichen, seligen Weihnachtszeit. In seine letzten Klänge mischte sich bereits der feierliche Ton aller Nürnberger Glocken, deren Geläute den Ausklang der stimmungsvollen Feier bildete.

Zugleich waren die Schranken vor des Christkinds heimlicher Märchenstadt gefallen und eine Wanderung begann, die bis zum Heiligen Abend hier nicht mehr enden wird.

Es sind Gassen der Kinderträume, durch die uns hier der Weg führt. Süßigkeiten und Soldaten, Eisenbahnen, Puppen und Kaufläden, Tand und Rauschgoldengel in unmittelbarer und friedlicher Nachbarschaft füllen Bude um Bude. Eine Welt, die im strengen Jahresablauf sich verbergen mußte, tauchte auf aus der Versunkenheit. Und Jahr um Jahr wird sie noch reicher, noch wunderbarer und bunter. Die kleinen stilvollen Laternen, die gepflegte Einheitlichkeit der ganzen Anlage gibt dem Ganzen seinen echten Reiz. Man spürt, daß Nürnbergs Christkindlesmarkt mit starker persönlicher Anteilnahme ausgebaut wird; fern ist, was stören könnte. Nah, ganz nah ist hier das Christkind.

Inmitten der bunten, verlockenden und leuchtenden Budenstadt, inmitten des alten, so weihnachtlich verwandelten Platzes aber liegt die Weihnachtskrippe, als letztes Ziel aller Kinderwanderschaft und als der eigentliche Mittelpunkt. A. H.

◁ Bericht im *Fränkischen Kurier* vom 5. Dezember 1938 über die Eröffnung des Christkindlesmarkts

▽ Blick von der Plobenhofstraße Richtung Christkindlesmarkt mit Hakenkreuzfahne an einer Hauswand, um 1935

der Weihnachtszeit durch den Christkindlesmarkt wieder wie einst mit weihnachtlichem Zauber zu umhüllen und zum Mittelpunkt des Weihnachtsgeschäftes zu machen.« Und er lieferte im selben Beitrag auch noch den erlogenen Grund für den Niedergang des Christkindlesmarkts Ende des 19. Jahrhunderts. Jüdische Vertreter im Marktausschuss hätten sich damals für die Verlegung des Christkindlesmarkts vom Hauptmarkt stark gemacht, weil an derselben Stelle bis zur Vertreibung der jüdischen Bevölkerung im Jahr 1349 das jüdische Wohnviertel mit der Synagoge gestanden hatte.

Trotz der angeworfenen Propagandamaschine waren nicht alle Nürnberger gleichermaßen begeistert von Liebels Plänen. Manchen Anhängern der neuen Bewegung gefiel die Rückbesinnung auf christliche Wurzeln nicht. Die »Nationalsozialistische Handwerks-, Handels- und Gewerbeorganisation« wünschte sich stattdessen eine »Braune Weihnachtsmesse«. Markthändler, die das ganze Jahr über ihre Waren auf dem Platz vor der Frauenkirche verkauften, und Einzelhändler hatten Angst vor der Konkurrenz des neuen Angebots auf dem Christkindlesmarkt. So rührte die Stadtverwaltung weiter die Werbetrommel. Am 9. Dezember 1933 nahm ein großer Beitrag im *Fränkischen Kurier* unter der Überschrift »Weihnachtsstimmung in Nürnberg« Bezug auf die nostalgische Wirkung: »Es ist alles so innig und traulich, wie man es aus der Kinderzeit noch in seliger Erinnerung hat.« Angesprochen fühlen sollten sich nicht nur die Nürnberger. Die Veranstalter rechneten bereits mit neugierigen Besuchern aus dem Umland. Vom Hauptbahnhof aus wiesen ein großer Adventskranz und eine Art Leitsystem mit bunten Glaskugeln den Weg Richtung Hauptmarkt. Die Zugänge zum Christkindlesmarkt mit seinen 140 Buden waren mit Tannengirlanden, Adventskränzen und riesigen Rauschgoldengeln überspannt.

Der Nürnberger Rauschgoldengel wurde zum Werbesymbol für den Christkindlesmarkt. Er prangte auf Plakaten, mit denen die Reichsbahn ihre Sonderzugfahrten nach Nürnberg anpries. Die NS-Organisation »Kraft durch Freude« nahm ebenso Adventsfahrten nach Nürnberg ins Programm auf. Die Anstrengungen blieben nicht wirkungslos. Auch die überregionale und sogar die internationale Presse, etwa die *Leipziger Volkszeitung* und die *Chicago Daily Tribune*, schrieben über den Weihnachtsmarkt im fernen Franken. In einer Rundfunksendung zum Nürnberger Christkindlesmarkt hielt der Oberbürgermeister einen zwanzigminütigen Vortrag über seine erfolgreiche Idee, und Wochenschauaufnahmen boten die passenden Bilder. Das weihnachtliche Erfolgsmodell schien in den Folgejahren erste Nachahmer in anderen Städten zu finden. Das städtische Nachrichtenamt machte deshalb 1936 in einer Bekanntmachung deutlich, dass alleine der Nürnberger Markt die Bezeichnung »Christkindlesmarkt« tragen dürfe.

Oberbürgermeister Willy Liebel bei einer Straßensammlung 1938, begleitet von Rauschgoldengel Liane Timm, der Schwester des Christkinds Renate Timm

Derweil war das Original so erfolgreich, dass bereits 1934 weitere Verkaufsstände auf dem Hans-Sachs-Platz auf Kundschaft warteten. Diese »Verkaufsmesse«, wie sie der *Fränkische Kurier* bezeichnete, zog 1938 wenige Meter weiter auf eine erst kurz zuvor frei gewordene Fläche. Bis zum Abriss durch die Nationalsozialisten im August hatte hier die Nürnberger Hauptsynagoge gestanden. Somit fand das vorweihnachtliche Treiben jetzt auf zwei Plätzen statt, die einst Orte des jüdischen Nürnbergs waren.

Die Renaissance des Markts im Geiste der »neuen Zeit« war von kurzer Dauer. Dem ebenfalls 1938 eingerichteten Sonderpostamt, das einen Sonderstempel zum Christkindlesmarkt ausgab, blieb nur eine Saison. Nach Beginn des Zweiten Weltkriegs meldete das Nachrichtenamt am 9. November 1939 kurz und knapp: »Der Nürnberger Christkindlesmarkt muß heuer ausfallen.«

Im Winter 1942 gab es noch einmal so etwas wie Adventsstimmung auf dem Hans-Sachs-Platz. In einer dem Christkindlesmarkt nachempfundenen Kulisse drehte die Deutsche Reichsbahn Werbe-Zentrale den Film *Deutsche Weihnacht*, der aber nur im Ausland gezeigt wurde. Matthias Klaus Braun schreibt über diese Produktion: »Das dargestellte Weihnachtsidyll hätte auf die heimische Bevölkerung angesichts des Kriegsalltags wie Hohn gewirkt, während es zumindest für die Soldaten und Beamten in den besetzten Gebieten eine Erinnerung an die Heimat war.« ★

Einbahnstraße
Heiße Würste
Rettungsweg
ZONE
Marktbeschicker zum
Christkindlesmarkt
von 22-8 Uhr

△ Am Abend entfaltet die beleuchtete Budenstadt am Christkindlesmarkt ihren ganzen Zauber.

◁ Blick auf die nördliche Hälfte des Markts der Partnerstädte am Rathausplatz

◁◁ Bezuckerte Buden und Lichterglanz am Christkindlesmarkt 2018

Sophie Keeser 1948–1960 & 1964

Die geborene Nürnbergerin Sophie Keeser (1924–1999) erfreut als Schauspielerin Zigtausende von Menschen im Nürnberger Stadttheater. Von 1946 bis 1995 gehört sie dem Ensemble der Städtischen Bühnen Nürnberg an. In der gefeierten Komödie *Schweig, Bub!* (insgesamt 700 Aufführungen) von Fitzgerald Kusz steht sie seit der Premiere am 6. Oktober 1976 als Tante Anna auf der Bühne des Schauspielhauses. Sie prägt 22 Jahre lang das Stück, mit ihm wird sie zur Volksschauspielerin. Keeser spielt in klassischen Dramen und in zeitgenössischen Stücken. Sie übernimmt Fernsehrollen, spielt unter anderem mit Marianne Hoppe. 1984 erhält sie den Großen Kulturpreis der Stadt Nürnberg.

Mit einer besonderen Rolle wird sie schon sehr früh einer größeren Öffentlichkeit bekannt: Sophie Keeser ist 1948 das erste Nürnberger Christkind nach dem Zweiten Weltkrieg. Ausgewählt hat sie der Dramaturg und Prolog-Dichter Friedrich Bröger. Sie wird dieses Amt nicht nur alljährlich bis 1960 ausfüllen, sondern 1964 noch einmal vertretungsweise einspringen, als ihre Nachfolgerin Irene Brunner wegen der Geburt ihres Sohnes nicht zur Verfügung stehen kann. Keeser wird mit 14 absolvierten Eröffnungen nicht mehr vom Thron der längsten Amtszeit aller Nürnberger Christkinder zu stoßen sein.

Für die Premiere am 3. Dezember 1948 wird die 24-jährige Sophie Keeser im Opernhaus geschminkt und eingekleidet und dann zum Markt gefahren. Im Auto raucht sie vor Aufregung noch eine Zigarette. Als sie am Hintereingang der Frauenkirche ankommt, wird sie von Kindern beobachtet. Ein kleines Mädchen meint: »Schau hi, des Christkindle qualmd ja.«

Sophie Keeser ist eine erfahrene Schauspielerin. Doch die Christkindleszeit beschäftigt sie auch nachts. Wie der Journalist Horst Mayer berichtet hat, träumt sie davon, als himmlisches Geschöpf über dem Hauptmarkt zu schweben – mit dem Mikrofon in der Hand. Dann wacht sie schweißgebadet auf.

Irene Brunner

1961–1968 (außer 1964)

Selbst bei ihrem letzten Prolog zur Eröffnung des Christkindlesmarkts 1968 hat sie noch Lampenfieber. Dabei ist sie vom Fach. Von 1961 bis 1968 stellt die Schauspielerin Irene Brunner das Nürnberger Christkind dar – mit einer einjährigen Pause, weil sie gerade Mutter geworden ist. Deshalb wird sie 1964 durch »Bobby«, wie Keeser von Freunden und Kollegen genannt wird, vertreten. Vier Jahre später verfolgt ihr kleiner Wolfgang das Eröffnungszeremoniell vom Markt aus und ruft zur Verblüffung der Umstehenden laut: »Das ist ja meine Mama!«

Nach kaufmännischer Ausbildung arbeitet die am 27. Dezember 1933 geborene Nürnbergerin (»Ich bin ein verspätetes Christkind«) in verschiedenen Unternehmen. Doch ihre Leidenschaft gilt dem Theater. »Das war eine andere Welt, da wollte ich hin«, sagt sie im Rückblick. Brunner spielt in der Hans-Sachs-Spielgruppe der Stadt Nürnberg, nimmt Gesangs- und Schauspielunterricht. Bei der Genossenschaft deutscher Bühnenangehöriger legt sie die Reifeprüfung für Schauspiel ab. Ab der Spielzeit 1958/59 wirkt sie als Gast am Nürnberger Schauspielhaus, von 1960/61 bis 1968 ist sie festes Ensemblemitglied. Dramaturg Friedrich Bröger wählt sie als Nachfolgerin für Sophie Keeser in der Christkindrolle aus. Später begleitet er sie bei ihren Auftritten und offiziellen Anlässen.

Aus familiären Gründen orientiert sich Irene Brunner beruflich neu. Bis zu ihrem Ruhestand arbeitet sie als Verwaltungsangestellte in der Nürnberger Meistersingerhalle. »Nebenbei« wird sie aber weiter für Bühnenrollen, fürs Fernsehen und in Rollen im Bayerischen Rundfunk besetzt, vor allem auch als versierte Dialektsprecherin. Allein 400-mal spielt sie in Fitzgerald Kusz' Dialektstück *Schweig, Bub!* im Nürnberger Schauspielhaus die »Kusine Hannelore«.

Auch mehr als 50 Jahre nach ihrem letzten Christkindauftritt wird Irene Brunner immer noch auf ihre damaligen Erlebnisse angesprochen. »Die Eindrücke sind immer da. Ich habe nie damit gerechnet, dass das mein ganzes Leben begleitet. Das ist einfach schön«, sagt sie.

Weihnachten für alle

Der Christkindlesmarkt seit 1945

Die Stadt lag darnieder. Das historische Herz: ein Schutthaufen. Häuser zerstört, Menschen beschädigt an Leib und Seele. Trotzdem oder gerade deshalb versuchten sie allmählich wieder in ein normales Leben zurückzufinden. Dazu gehörte auch, so gut es eben ging, wieder Weihnachten zu feiern und seine Lieben zu beschenken. Bereits 1946 und 1947 gab es auf einer Fläche am Frauentorgraben zwischen Kulturverein (nahe Färberstraße) und Opernhaus rund eine Woche bis zum 23. Dezember in »bescheidenem Rahmen« einen Christkindlesmarkt, wie die Stadtchronik weiß. Mit dem Provisorium sollte es aber bald wieder ein Ende haben.

Am 13. September 1948 wies Nürnbergs Oberbürgermeister Otto Ziebill seine Verwaltung mit wenigen Zeilen an: »Ich möchte, dass in diesem Jahr der ›Christkindlesmarkt‹ und zwar auf dem Hauptmarkt in einer möglichst friedensmässigen Weise stattfindet. Hierzu müssen die Vorbereitungen frühzeitig getroffen werden.« Der Stadtrat stimmte geschlossen zu. Der Christkindlesmarkt sollte wieder »in würdiger Form« veranstaltet werden. Vielleicht wollte sich Ziebill mit dem Wort »friedensmäßig« ein wenig verklausuliert von der jüngsten Vergangenheit distanzieren. In einem »Geleitwort« von ihm heißt es später: »Mein Wunsch, dass der altehrwürdige Nürnberger Christkindlesmarkt in diesem Jahre erstmals wieder auf dem Hauptmarkt stattfinden soll, ist aus dem Gedanken entstanden, dass wir allen Trümmern zum Trotz an dieser historischen Stätte unseren Aufbauwillen bekunden wollen. Die Erinnerung an Christkindlesmärkte in weniger schweren Zeiten wird viele Nürnberger bewegen. Der diesjährige Christkindlesmarkt soll für uns ein hoffnungsvoller Auftakt für bessere Zeiten sein und der Nürnberger Bevölkerung ein wenig Freude bringen. Meine herzlichen Weihnachtswünsche für die Nürnberger fasse ich wie folgt zusammen: Friede auf Erden, ein einiges Deutschland und ein aufblühendes Nürnberg.«

△ Auf einem eigens aufgebauten Podium vor der Frauenkirche eröffnet das Christkind, flankiert von Rauschgoldengeln, den Christkindlesmarkt 1948.

▷ Den Lichterzug 1949 führen Christkind und Nikolaus an.

Inmitten der zerstörten Stadt sind die Buden des Christkindlesmarkts aufgebaut, 1948.

Am 3. Dezember 1948 eröffnete die Schauspielerin Sophie Keeser als erstes Nürnberger Nachkriegschristkind den Christkindlesmarkt. Offiziell begann er tags darauf am 4. Dezember (Gedenktag der heiligen Barbara) und endete am 24. Dezember. Der Stadtrat hatte laut einer Pressemitteilung »eine würdige Auferstehung« des Christkindlesmarkts im Sinn, »bei der allerdings die Zeichen unserer allgemeinen Not nicht völlig verborgen bleiben können«. Früher hatte die Stadt über 140 einheitliche Buden verfügt. Den Krieg hatten nur 40 überstanden. Die Marktkaufleute behalfen sich mit eigenen Lösungen. Zum Teil campierten die Beschicker auch auf dem Markt. Die Szenerie schien so unwirklich wie die ganze Zeit. Trotzdem ließen das Dunkel des Abends und der zarte Lichterschein eine andere, heimelige Welt für Momente wahr werden. Die Zeitungen ignorierten die Ruinenlandschaft rund um den Hauptmarkt und titelten: »Nürnberger Christkindlesmarkt wieder wie im Frieden«, »Christkindlesmarkt so schön wie ehedem« (1949), »Eine Zauberinsel in der weihnachtlichen Welt« (1949), »Das Christkind hat wiederum seine Märcheninsel aufgetan« (1952) oder »Nürnberg eröffnete seinen romantischen Weihnachtsmarkt: Des Christkinds Zauberinsel erstrahlt in glitzernder Pracht« (1955).

Es ging aufwärts. Auch beim Christkindlesmarkt. Schon 1952 wurden wieder rund 200 Stände verzeichnet. Nicht immer war man sich in der Namensgebung einig. 1964 vermerkte die Stadtchronik, dass der »Kindles-Markt« eröffnet worden sei, im Übrigen unter Anwesenheit des bayerischen Ministerpräsidenten Alfons Goppel. Über viele Jahre lud die Stadt zur Eröffnung Ehrengäste aus allen gesellschaftlichen Gruppen ein. Für mehrere Hundert Personen waren Plätze unmittelbar vor der Frauenkirche reserviert. Seit 1956 verzichtete man wieder darauf. Der Zuspruch hatte immer mehr nachgelassen. Es war aber auch der Unmut der Bevölkerung vor Ort lauter geworden, warum sie keinen Zutritt zur besten Sicht auf das Christkind haben sollte. Seither wird die »Prominenz« in das neue Rathaus am Hauptmarkt 18 gebeten, wo aber auch viele Zuschauerplätze für interessierte Bürgerinnen und Bürger zur Verfügung stehen.

Der Markt entwickelte sich zu einem wichtigen Tourismusfaktor. Bis vor wenigen Jahren war der Dezember über lange Zeit der Monat mit den meisten Übernachtungen im Jahr. (Inzwischen liegt der Juli im Ranking ganz vorne.) Anfang der 1970er-Jahre besuchten bereits mehr als eine Million Menschen den Christkindlesmarkt. Die Besucherinnen und Besucher kamen aus Nürnberg und dem Umland, aber auch zunehmend aus ganz Deutschland und dem Ausland.

1973 beschloss der Stadtrat, die Eröffnung des Christkindlesmarkts vom Barbaratag am 4. Dezember auf den Freitag vor dem 1. Advent vorzuverlegen. Er wollte damit erreichen, dass sich der Besucherstrom besser verteilt. Man darf annehmen, dass die Verlängerung ganz im Sinne der Marktbeschicker war. Nach dieser Regelung kann der Christkindlesmarkt entsprechend den Veränderungen des Kalenders höchstens rund fünf Wochen, in der kürzesten Variante etwas mehr als drei Wochen dauern.

Die Anziehungskraft wuchs indes weiter. 1979 titelten die *Nürnberger Nachrichten* nach einem Wochenende: »Altstadt ertrank in Besucherflut«. Oft gab es gar kein Durchkommen mehr wegen des großen Ansturms. So hatte der Erfolg auch seine Schattenseiten. An einem Dezembersamstag im Jahr 1987 brachten allein 13 Sonderzüge rund 7000 Personen zum Christkindlesmarkt. Viele auswärtige Gäste buchen auch Tagesreisen mit dem Bus. An Spitzenwochenenden in den 1980er- und 1990er-Jahren steuerten weit über 1000 Busse Nürnberg an. 2018 wurden rund 3500 Busse verzeichnet. Lange Zeit kamen Schweizer Gäste sogar mit Sonderflügen nach Nürnberg. Die Besucherzahlen kletterten 2016 auf über 2,5 Millionen. 2019 wurden rund 2,2 Millionen Gäste verzeichnet.

Der Christkindlesmarkt wird kontinuierlich weiterentwickelt. Das veranstaltende Marktamt der Stadt, die Congress- und Tourismus-Zentrale (CTZ), Marktbeschicker, Glühweinhändler und viele andere Beteiligte sind im ständigen Austausch, um die Qualität des Marktes zu verbessern. Denn der Wettbewerb ist groß. Dass der Nürnberger Christkindlesmarkt vielen schon lange als Deutschlands berühmtester Weihnachtsmarkt gilt, hat mit seiner Lage und mit seinem Charakter zu tun. Die gotische Frauenkirche und der Schöne Brunnen sorgen auf dem fast quadratischen, überschaubaren Platz für eine prachtvolle historische Kulisse. Der Markt wirkt heimelig und romantisch. Die Buden – manche sind selbst schon Geschichte – sind mit rot-weißen Stoffen bespannt. Das »Städtlein aus Holz und Tuch« zeigt ein einheitliches Bild. Das Marktamt gibt Gestaltungsregeln vor. Die Budendächer an der Frontseite dürfen nur mit natürlichem Grün dekoriert werden. Plastikweihnachtsmänner, die an Fassaden kleben, wird man vergeblich suchen. Und: Der Christkindlesmarkt ist ein »stiller« Markt. Fahrgeschäfte fehlen ebenso wie Dauerberieselung mit Weihnachtsmusik. Das unterscheidet den Christkindlesmarkt von vielen Weihnachtsmärkten, die oft eher einer Kirmes gleichen.

Bei aller Innovationsfreude und trotz Platz für neue Produkte konzentriert sich der Christkindlesmarkt auf ein traditionelles Warenangebot. Die rund 200 Händler präsentieren Nürnberger Lebkuchen, Früchtebrot, Süßwaren, typische Weihnachtsartikel wie Christbaumschmuck, Rauschgoldengel und Krippen, Spielzeug und Kunstgewerbe, Textilien und Schreibwaren. Natürlich braucht es auch Orte der Stärkung und des Genusses. Es wird jedoch darauf geachtet, dass die Mischung stimmt. 2019 gab es insgesamt 185 Stände; elf davon waren Imbissstationen, und an zehn Stellen konnte man sich Glühwein schmecken lassen – ausgeschenkt in jährlich neu gestalteten Keramiktassen mit Nürnberg-Motiv. Einweg-Geschirr ist nicht mehr zugelassen, 1990 schwenkten die Glühweinhändler auf ein Mehrwegsystem um. Alljährlich werden rund 100000 Keramiktassen, manchmal auch in Stiefelform, in China bestellt – immer mit neuen Bildmotiven versehen.

Abendliche Stimmung am Christkindlesmarkt 2003

Der elektrische Strom kommt seit 2012 aus regenerativen Energiequellen. Bratwürste, Glühwein, Süßigkeiten und andere Produkte werden auch in Bio-Qualität angeboten.

Natürlich werden auch nach wie vor die überlieferten »Nürnberger Zwetschgenmännle« – kleine Figuren aus trockenen Pflaumen und Nüssen – verkauft. Dieser Werbespruch prangt an manchem Stand: »Willsd an, der di ned ärgern koh, kafsd da hald an Zwetschgermoh!« (Willst du an deiner Seite jemanden haben, der dich nicht ärgern kann, kaufst du dir eben einen Zwetschgenmann!) Seit 1981 verleiht die Stadt Nürnberg alljährlich einen »Zwetschgermoh« in Gold, Silber und Bronze für die schönsten Buden. Zuvor inspiziert eine städtische Jury in einem mehrstündigen Rundgang alle Buden. Das ist so etwas wie eine beständige Qualitätskontrolle. Nach der eingehenden Visite gibt es auch den einen oder anderen Verbesserungsvorschlag für einzelne Händler. Die undotierten Preise sind Lohn für geschmackvolle Gestaltung und Ansporn für andere.

Lichterzug mit Christkind Barbara Otto 2016 – strahlende Kindergesichter und bezaubernde Laternen

Im Umfeld des Christkindlesmarkts etablierten sich vor Jahrzehnten zusätzliche eigene Attraktionen. Gleich im Jahr 1948 kam Stadtschulrat Otto Barthel auf die Idee, am Abend des Lucientags (13. Dezember) nach nordischem Vorbild mit Schulkindern einen Laternenzug zu organisieren. Tausende von Kindern der Volksschulen basteln seither Jahr für Jahr mit Herzblut Laternen und Lampions. Der Lichterzug beginnt in der Kaiserstraße, führt über Fleischbrücke und Hauptmarkt vorbei an St. Sebald bis zur Burg. Es leuchtet gelb, grün, rot und blau – Sterne, Kerzen, Weihnachtsbäume und Engel. Das Christkind – begleitet von den prächtigsten Leuchtkörpern – führt den Zug an. Die Prozession endet am Ölberg. Vor dieser Kulisse stellen Mädchen und Jungen die Weihnachtsgeschichte in lebenden Bildern dar, musikalisch umrahmt von Weihnachtsliedern.

Auf dem Podium zu Füßen der Frauenkirche sorgen regelmäßig (Kinder-) Chöre, Bläser- und andere Musikgruppen für weihnachtliche Stimmung. Bereits zum 35. Mal hat im Jahr 2019 der vom Amt für Internationale Beziehungen der Stadt Nürnberg auf dem Rathausplatz organisierte Markt der Partnerstädte stattgefunden. Aus bescheidenen Anfängen mit ein paar Buden, in denen Produkte aus Glasgow, Krakau, San Carlos und Skopje angeboten wurden, entwickelte sich ein gut besuchter, stattlicher Markt mit 24 Buden, der längst nicht mehr als Geheimtipp gehandelt wird und in dieser Dimension seinesgleichen sucht. Angeboten werden Spezialitäten aus allen Partnerstädten und -regionen.

Im Jahr 1999, kurz vor dem 950. Stadtjubiläum 2000, öffnete auf dem nahen Hans-Sachs-Platz erstmals die »Nürnberger Kinderweihnacht« mit historischen Fahrgeschäften ihre Pforten. Die Kleinen erfreuen sich an einem Nostalgie-Karussell, einem kleinen Riesenrad, aber auch an Mitmachaktionen wie gemeinsamem Plätzchenbacken oder Kerzenziehen. Im selben Jahr feierte im benachbarten Heilig-Geist-Haus auch das »Sternenhaus« Premiere. Seither bietet die Stadt dort ein buntes Programm für Kinder und Familien. Das Christkind ist regelmäßiger Gast, um Weihnachtsgeschichten vorzulesen.

1995 hat die Stadt den Namen »Christkindlesmarkt Nürnberg« als Wortzeichen beim Deutschen Patentamt angemeldet. Ein Jahr darauf ließ sich die Stadt erstmals ein Logo des Christkindlesmarkts als Wort-Bild-Marke schützen. Dieses Markenzeichen wurde 2012 durch eine neue, grafisch weiter reduzierte Version ersetzt. Beide Signets zeigen vor allem eines: das Nürnberger Christkind.

Je weiter die Menschen vom Nürnberger Christkindlesmarkt entfernt leben, desto weniger bekannt und relevant ist das Christkind für eine etwaige Visite. In der Rangliste der Highlights der Besucher rangiert das Christkind auf Platz vier – nach Glühwein, Bratwürsten und Lebkuchen –, was allerdings nicht weiter verwundern kann, da das Christkind auch selten auf dem Markt zu sehen ist. Die Congress- und Tourismus-Zentrale (CTZ) ist für das Marketing des Marktes zuständig. Rund 200 000 Euro fließen jährlich in die Werbung mit Anzeigen und Plakaten, aber auch in die analoge und digitale Kommunikation. Der Webauftritt und soziale Medien spielen eine immer wichtigere Rolle. Schon 1996 ging die Stadt Nürnberg mit dem Internetauftritt christkindlesmarkt.de an den Start. Inzwischen wird die Website vom Verlag Nürnberger Presse in Partnerschaft mit der CTZ und der Stadt Nürnberg betreut und stetig weiterentwickelt. Die Seite christkindlesmarkt.de hatte 2019 über 2,5 Millionen Aufrufe, die Startseite, der Veranstaltungskalender und die Übersicht

◁ Der Genuss von Nürnberger Rostbratwürsten ist schier unverzichtbar beim Besuch des Christkindlesmarkts.

◁ 1996 schuf Stadtgrafiker Wolfgang Weber eine erste Wort-Bild-Marke für den Christkindlesmarkt Nürnberg (links), 2012 wurde sie durch ein neues Logo ersetzt (rechts).

◁ Original Nürnberger Lebkuchen dürfen auf dem Christkindlesmarkt nicht fehlen.

△ Sterne in allen Variationen – es funkelt und glitzert in den Buden mit Weihnachtsschmuck.

▷ Kunsthandwerk, Spielwaren und Produkte aus Holz sind fester Bestandteil des Angebots am Christkindlesmarkt.

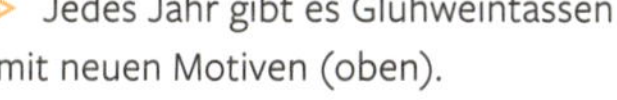

▹ Jedes Jahr gibt es Glühweintassen mit neuen Motiven (oben).

Handbemalte Christbaumkugeln finden die Besucher an vielen Ständen (Mitte).

Einer der schönsten Stände bietet Bonbons für Naschkatzen jedes Alters an (unten).

der Buden waren am meisten frequentiert. Der Christkindlesmarkt hat auch einen von der CTZ betreuten Facebook-Account. Zum Christkindlesmarkt 2019 hatte er fast 33 000 Fans. Mit 62 Beiträgen wurden über 840 000 Personen erreicht. Selbst im Corona-Jahr 2020, als der Christkindlesmarkt nicht stattfinden konnte, hat die CTZ mit verschiedenen Beiträgen, etwa einem Adventskalender mit dem Christkind, rund 380 000 Menschen angesprochen. Zudem werden über den CTZ-Instagram-Kanal die Themen Christkind und Christkindlesmarkt mit eigenen Stories gespielt.

Die Technische Hochschule Nürnberg Georg Simon Ohm befragt seit 2013 im Drei-Jahres-Abstand im Auftrag der CTZ die Besucherinnen und Besucher. Danach kamen in der letzten Erhebung im Jahr 2019 fast 44 Prozent der Besucherinnen und Besucher aus Nürnberg und der Region, weitere 17,4 Prozent aus Bayern und 23,1 Prozent aus Deutschland (ohne Bayern). 15,7 Prozent der Gäste kamen aus dem Ausland. Jeder dritte nichtdeutsche Gast stammte aus den USA. Besuche zu zweit werden immer beliebter. Zwei Drittel sind Tagesbesucher, davon 59,1 Prozent weiblich, 40,9 Prozent männlich. Die 20- bis 29-jährigen Besucherinnen und Besucher machen die stärkste Altersgruppe aus, 2016 fast ein Drittel aller Gäste. Trotz oder vielleicht gerade wegen seiner traditionellen Art ist der Markt offensichtlich auch für junge Leute als Treffpunkt und »Event« interessant. Fast jeder dritte Befragte gab an, jedes Jahr den Christkindlesmarkt zu besuchen. Im Durchschnitt gab 2019 jeder Besucher 38,33 Euro aus. Dabei sind weitere Ausgaben im Umfeld (zum Beispiel Shopping, Gastronomie, Übernachtung) nicht mit einbezogen.

Am 22. September 2006 hat Johannes B. Kerner in der ZDF-Show *Unsere Besten – Die Lieblingsorte der Deutschen* einem Millionen-Publikum die 50 Orte vorgestellt, die die meisten Stimmen erhalten haben. Es gab 150 verschiedene Vorschläge. 300 000 Teilnehmer stimmten ab. Der Christkindlesmarkt landete auf Platz 20 knapp hinter Schloss Neuschwanstein und vor der Loreley. Der Christkindlesmarkt war zudem der einzige Weihnachtsmarkt, der unter die ersten 50 »Lieblingsorte der Deutschen« gewählt wurde. Nach einer Analyse des Reiseportals TripAdvisor rangierte der Christkindlesmarkt 2007 auf der Top-Ten-Liste europäischer Weihnachtsmärkte auf Platz 2.

Benedikt Erenz schrieb am 25. November 2010 in *Die Zeit* über den Christkindlesmarkt unter anderem: »Der Nürnberger Christkindlesmarkt ist etwas Besonderes, Einmaliges. (...) Es sieht alles so wunderbar echt hier aus, so täuschend echt und original, dass die Zeit stehen geblieben scheint.

Echte Lebkuchen, echte Nüsse, echtes Früchtebrot, Nürnberger Würstchen, Zwetschgenmännla und Rauschgoldengel. Und hinter den Tischen echte Menschen – kurz, alles, was man sonst auf den schrecklichen Weihnachtsmärkten in unseren schrecklichen Fußgängerzonen vermisst. (...) Es ist Weihnachten für alle und für die ganze Welt, auch ohne Papst. Weihnachten an sich.« (Dass Erenz im selben Artikel den Christkindauftritt als »albern« bezeichnete, sei ihm verziehen.)

CTZ-Chefin Yvonne Coulin sieht den Christkindlesmarkt auch angesichts der Konkurrenz auf jeden Fall unter den »Top Five«. Nach Einschätzung der Expertin sind die Budengestaltung, die Tradition, die Lage am historischen Hauptmarkt und die schöne Eröffnungsinszenierung hohe Werte, die den Nürnberger Markt auszeichnen. Viele Medien rühmen den Nürnberger Markt immer wieder als den schönsten hierzulande.

Der Christkindlesmarkt wirkt nach innen wie nach außen. Für die Einheimischen bietet er die Möglichkeit der Identifikation. Man kann stolz auf ihn sein. Er ist ein Stück Heimat. Er weckt Emotionen bei Alt und Jung. Für Touristen stellt er ein herausragendes Sinnbild für Weihnachten dar. Der Volkskundler Hartmut Heller hat es so zusammengefasst: »Der Nürnberger Christkindlesmarkt ist bis heute ein Anziehungsfaktor, ein Weihnachtswarenparadies, ein Erlebnis- und Sinnenfeld, ein Kinderwünschehimmel, ein kulinarischer Genussparcour, ein Aushängeschild, ein Botschafter, ein Wirtschaftsmotor, ein Magnet, ein Herzensding, kurzum: ein Inbegriff!«

In den ersten Jahrzehnten der Nachkriegszeit war der Markt sehr häufig mit einem Attribut wie »altehrwürdig« beschrieben worden, was in den Ohren junger Leute von heute alles andere als »cool« klingt. Allem Anschein nach ist es dem Christkindlesmarkt gelungen, sich immer wieder neu zu erfinden und alle Generationen im Blick zu haben, den Spagat zwischen Tradition und Jetzt-Zeit hinzubekommen. Wie heißt es doch im Prolog des Christkinds:

»Mein Markt bleibt immer jung,
Solang' es Nürnberg gibt und die Erinnerung.«

Gabriele Bergmann 1969/70

Damit geht sie in die Stadtgeschichte ein: Gabriele Bergmann ist das erste gewählte Nürnberger Christkind. Funkenmariechen will sie schon früh werden, der Vater ist dagegen. Als die Ausschreibung für das Christkind in der Zeitung steht, sagt sich Gabriele: »Also bewerbe ich mich dafür.« Zu diesem Zeitpunkt steckt sie mitten in der Ausbildung zur Bankkauffrau bei der Stadtsparkasse Nürnberg. Nebenbei spielt sie in einem Laientheater. Gabriele Bergmann ist nicht auf den Mund gefallen. Sie ist in dem kommunalen Bankhaus Lehrlingssprecher – als erste Frau.

Die Eröffnung des Christkindlesmarkts 1969 findet an einem »wunderschönen Tag mit leichtem Schneefall« statt, wie sich Gabriele erinnert. Beim über Lautsprecher übertragenen Sprechen des Bröger-Textes hört sie permanent ihr Echo von den Fassaden am Hauptmarkt, ein »absoluter Schreckmoment«. Aber gut gegangen ist es trotzdem. Ihr Vater fährt sie zu manchen Terminen, inzwischen ist er »mächtig stolz«. Später sagt Walter Schatz, der »Erfinder« der Christkindwahl, Gabriele Bergmann sei ein Glücksfall für Nürnberg gewesen. Wenn es mit ihr nicht funktioniert hätte, hätte die Stadt die Idee mit dem Wettbewerb unter den jungen Nürnbergerinnen wieder aufgegeben.

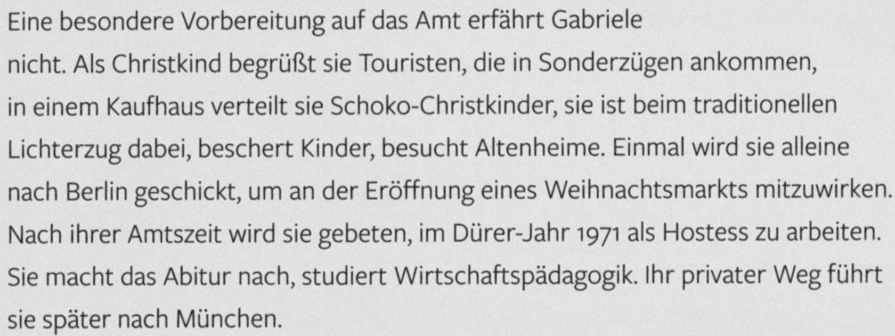

Eine besondere Vorbereitung auf das Amt erfährt Gabriele nicht. Als Christkind begrüßt sie Touristen, die in Sonderzügen ankommen, in einem Kaufhaus verteilt sie Schoko-Christkinder, sie ist beim traditionellen Lichterzug dabei, beschert Kinder, besucht Altenheime. Einmal wird sie alleine nach Berlin geschickt, um an der Eröffnung eines Weihnachtsmarkts mitzuwirken. Nach ihrer Amtszeit wird sie gebeten, im Dürer-Jahr 1971 als Hostess zu arbeiten. Sie macht das Abitur nach, studiert Wirtschaftspädagogik. Ihr privater Weg führt sie später nach München.

Seit mehr als 50 Jahren ist sie Jahr für Jahr bei den Medien weiterhin als Interviewpartnerin gefragt. Einmal Christkind, immer Christkind? Gabriele Bergmann bejaht das unumwunden und fügt hinzu: »Aber mit 90 möchte ich nicht mehr im Einsatz sein.«

Gudrun Bauer

1971/72

Sie ist das erste Christkind, das vom Labenwolf-Gymnasium kommt. Aus dieser Schule wird es noch mehrere Nachfolgerinnen geben. Sich zu bewerben, ist ihr eigener Entschluss. Die Eltern wissen nichts davon. Zur entscheidenden Jurysitzung geht die 17-Jährige allein. Aber als Gudrun Bauer gewählt ist, freuen sich die ganze Familie samt ihren drei Schwestern, Freunde und Klassenkameradinnen mit ihr.

Der erste Prolog beginnt aufregend. Christkind und alle Begleiter sind bereits auf der Empore versammelt, aber für das Publikum noch nicht zu sehen. Ein Engelchen neben der Hauptperson lässt wissen, dass ein Flügel verrutscht ist. Das Christkind versucht das Malheur zu richten, aber der Helfer, der sie hinten an einem Seil festhält, zerrt fortwährend an ihr, bis der Flügel wieder fixiert ist. Doch nicht genug der Aufregung. Gudrun hat »extremes Herzklopfen«. Sie befürchtet, dass dies über das am Kleid befestigte Mikrofon überall zu hören ist – was nicht der Fall ist.

Die Begegnungen mit Kindern sind besonders bewegend. Gudrun ist überwältigt von der Freude, die die Kleinen zum Ausdruck bringen. 50 Jahre später ist sie sicher: »Die Christkind-Phase ist für meine Berufsfindung sehr hilfreich gewesen. Junge Menschen ins Leben zu begleiten, ist eine wunderschöne Erfahrung.« Gudrun studiert Wirtschaftswissenschaften und Französisch für das höhere Lehramt an beruflichen Schulen. Fast 40 Jahre lang arbeitet die leidenschaftliche Lehrerin bis zu ihrem Ruhestand 2019 an der Klara-Oppenheimer-Schule in Würzburg.

Sie organisiert Abschlussveranstaltungen für die Berufsschülerinnen und -schüler, die sie auch selbst moderiert. Als Mitte der 1990er-Jahre bei einer solchen Gelegenheit der Chef der Würzburger Verkehrsbetriebe ihre klare und sichere Stimme hört, verpflichtet er sie, die Namen aller Haltestellen für die Ansagen in den Straßenbahnen einzusprechen. Die Lokalzeitung berichtet, dass nun das Nürnberger Christkind den Würzburger Fahrgästen die Stationen ankündigt. Die Lehrerkollegen spötteln: »Jetzt muss ich deine Stimme schon auf dem Weg zur Arbeit hören.«

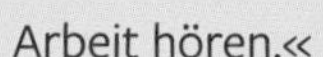

Mit Martin Luther fing es an

Die Figur des Christkinds

Von Annamaria Böckel

Wenn am Freitag vor dem ersten Advent das Christkind seinen Markt eröffnet, sind die Plätze vor der Weihnachtskrippe im Zentrum des Platzes heiß begehrt. Manche Familien nehmen hier schon Stunden vor der Eröffnung Aufstellung. Während sie ungeduldig auf den Christkind-Prolog warten, bleibt das Jesuskind in der Krippe, der sie den Rücken zugewendet haben, meist unbeachtet. Vielleicht werfen sie später noch einen kurzen Blick auf die heilige Familie, bevor sie zum Bummel über den Weihnachtsmarkt aufbrechen.

Falls die Kinder fragen, wie das Christkind gleichzeitig als neugeborener Junge mit Windeln in der Krippe liegen und als junge Frau im goldenen Kleid erscheinen kann, zucken manche Eltern möglicherweise hilflos mit den Schultern. Manch andere erklären, dass das Nürnberger Christkind und das Jesuskind zwei verschiedene Figuren sind. Und andere Kinder stellen diese Frage gar nicht, weil ihnen das friedliche Nebeneinander der beiden Gestalten seit Jahren vertraut ist.

Hartnäckiger sind manche Medienvertreter, die alle zwei Jahre, wenn die Wahl des neuen Christkinds ansteht, bei der Stadt nachfragen, warum sich nur junge Frauen für das Amt bewerben dürfen. Jesus sei doch eindeutig ein Mann gewesen und daher ein männliches Christkind durchaus folgerichtig und im Sinne der Gleichberechtigung endlich an der Zeit. Doch so einfach ist die Geschlechterfrage nicht zu klären, wie ein Blick in die Vergangenheit zeigt.

Die Entstehung der Figur hängt eng zusammen mit der Reformationsgeschichte Nürnbergs. Seit 1525 folgte die Stadt der lutherischen Glaubensrichtung. Von Martin Luther ist überliefert, dass er seine Kinder nicht mehr, wie bis dahin üblich, vom Nikolaus bescheren ließ. In einem aufgezeichneten

Tischgespräch aus dem Jahr 1531 spricht er vom Heiligen Christ, der die Gaben bringt – möglicherweise eine Folge der Abkehr von der katholischen Heiligenverehrung.

In Nürnberger Patrizierfamilien sehnten die Kinder lange den Neujahrsmorgen als Zeitpunkt der Bescherung herbei. In den Haushaltsbüchern von Endress Imhoff finden sich dann erstmals im Jahr 1564 Ausgaben für Weihnachtsgeschenke schon vor dem Fest verzeichnet. Diese Sitte schien sich nach und nach in der Stadt einzubürgern. Ob die Kinder mit dem von Luther erwähnten Heiligen Christ eine figürliche Vorstellung verbanden, ist ungewiss. Zumindest trat das Christkind bei der Bescherung nicht in Erscheinung. Der Altdorfer Historiker und Rechtsgelehrte Johann Christoph Wagenseil berichtete im 17. Jahrhundert, wie das Weihnachtsfest in den Nürnberger Familien verlief. Das Christkind kam in der Nacht vor dem ersten Weihnachtsfeiertag und hinterließ die Geschenke in Schüsseln, die die erwartungsfrohen Kinder aufgestellt hatten.

Während in Nürnberg der Zusammenhang von Reformation und dem bescherenden Christkind deutlich ist, zeigt sich jenseits der Stadtgrenze ein ganz anderes Bild. Der Atlas der Deutschen Volkskunde erläutert 1932 in einer Karte die Verbreitung der Gabenbringer auf deutschem Gebiet, wie sie sich während der Jahrhunderte verfestigt hatte. Christkind und Weihnachtsmann schienen sich danach das Gebiet klar aufgeteilt zu haben: Der Weihnachtsmann verteidigte sein Terrain in der Mitte, im Norden und im Osten Deutschlands, das Christkind beglückte die Kinder im Süden, Südwesten und Westen, hatte sich über die Zeit also auch in den katholisch geprägten Regionen durchgesetzt.

Die Beschäftigung mit anderen Figuren, die mit der Weihnachts- und Winterzeit verbunden sind, macht die Herkunftsfrage noch schwieriger. In Erscheinung getreten ist das Christkind seit dem 16. Jahrhundert bei Umzügen. Neben Maria und Josef mit dem Jesuskind und anderen Weihnachtsfiguren gehörte oft eine von einem Mädchen dargestellte Christkindfigur mit weißem Kleid und goldener Krone zum Personal. So gab es hier bereits eine Koexistenz von männlich-kindlichem Jesuskind und weiblich-jugendlichem Christkind. In manchen Regionen begleitete Knecht Ruprecht den Umzug, andernorts auch der Nikolaus. Die Theologin Renate Jost weist auf die wilde Seite dieser Christkinder hin. Geprägt waren diese Umzüge und Weihnachtsspiele von alten, teils vorchristlichen Bräuchen. Vorstellungen verschiedener

Brauchtumsfiguren können dabei durchaus in diese Form des Christkinds eingegangen sein. Dazu gehört die wilde Perchta, die vor allem im süddeutschen Raum als winterliche Spukgestalt auftrat und sowohl strafen als auch belohnen konnte.

Neben der Luzia, wie sie vor allem aus Schweden mit Lichterkranz auf dem Kopf und Süßigkeiten für die Kinder bekannt ist, gibt es in Süddeutschland, in Ungarn und im slawischen Gebiet auch eine gleichnamige gruselige Gestalt, die freche Kinder bestraft. Luzia vereinigt also beides, das Wilde des Kinderschrecks und das helle Licht der Luzia mit Lichterkranz, die den Kindern die Gaben bringt. Bildliche Ähnlichkeiten des leuchtenden Kerzenkranzes auf dem Kopf der jungen Luziadarstellerinnen und der glänzenden Goldkrone mancher Christkinddarstellungen sind nicht von der Hand zu weisen. Die Krone verweist wiederum auch auf die Himmelskönigin Maria. Nach dem Ende der Marienverehrung in protestantischen Gebieten wurden auch Anteile der Gottesmutter in die Christkindfigur übernommen.

Um dem Christkind zu begegnen, wie es in seiner Nürnberger Ausprägung als Gaben bringendes Wesen bekannt ist, hilft ein zeitlicher Sprung in die bürgerliche Welt des 18. und 19. Jahrhunderts. Die Feier von Christi Geburt spielte sich jetzt vor allem im häuslichen Umfeld ab. Eine Entwicklung, die bis heute anhält. Weihnachten gilt seither schlichtweg als das Fest der Familie, auch für Menschen, die Religion und Kirche skeptisch oder ablehnend gegenüberstehen. Zudem spielt seit dem 19. Jahrhundert die Kindheit eine viel größere Rolle. Weihnachten wurde vor allem zum Fest für die Kinder mit viel Aufregung und heimlichen Vorbereitungen bis zu den Feiertagen. »Schau nicht durchs Schlüsselloch, sonst bläst dir das Christkind die Augen aus«, warnten strenge Eltern ihren Nachwuchs, wenn der allzu neugierig wurde. Zu manchen Mädchen und Jungen kam das Christkind inzwischen sogar persönlich und sichtbar zu Besuch. So wie sich heute Väter, Onkel oder bezahlte Studenten mehr oder weniger unerkannt als Nikolaus oder Weihnachtsmann versuchen, traten Mütter, Haushaltshilfen oder weibliche Verwandte als Christkind auf. Und dieses Christkind war ohne Frage weiblich, so wie auch in bildlichen Darstellungen der Zeit zunehmend weibliche Christkindfiguren zu sehen waren.

In einigen Familien schmückte eine Christkindfigur die Spitze des Christbaums. Auf Gemälden weihnachtlicher Szenen aus dem 19. Jahrhundert fällt die Ähnlichkeit dieser Christkinder mit einer anderen für Nürnberg typischen

△ Als Begleiterinnen des Christkinds sind zwei Rauschgoldengel vor allem bei der Markteröffnung unverzichtbar – wie schon 1951 (links), aber auch im 21. Jahrhundert (rechts).

◁ Kleine und große Rauschgoldengel finden auf dem Christkindlesmarkt ihre Liebhaber.

Figur auf. Der Rauschgoldengel gehörte seit dem 18. Jahrhundert zum Nürnberger Weihnachtsschmuck. Die Volkskundlerin Susanne von Goessel-Steinmann erklärt diese Ähnlichkeit damit, dass der Baumschmuck Vorstellungen von Engeln aus Krippen und Krippenspielen mit dem Gaben bringenden Christkind in seiner Gestaltung vereinte. Aber er hatte auch ganz irdische Züge. Das Engelsgewand aus Rauschgold, einem dünnen, gefalteten Messingblech, erinnerte sowohl an die patrizische Mode als auch an die fränkische Tracht der Zeit. Susanne von Goessel-Steinmann geht davon aus, dass sich die Figuren mit der Zeit immer mehr miteinander verwoben haben.

Die Verflechtung der beiden weihnachtlichen Figuren zeigt sich auch in städtischen Akten des 20. Jahrhunderts, als das Christkind erstmals als Repräsentantin seines Marktes in Erscheinung treten sollte. Als die Nationalsozialisten den Christkindlesmarkt auf den Platz vor der Frauenkirche zurückbrachten, wählten sie den Rauschgoldengel als unverwechselbaren Werbeträger. Er blickte in riesigem Format von Überspannungen an den Zugängen zum Markt auf die Besucher herab und schmückte Plakate. Die Eröffnung des Christkindlesmarkts sollte nach den Vorstellungen der neuen Machthaber etwas Besonderes werden. Zunächst dachten die Verantwortlichen im Rathaus an einen Umzug mit dem Weihnachtsmann. Doch schnell kam die Idee auf, das Christkind als traditionelle Nürnberger Weihnachtsfigur den Markt eröffnen zu lassen. Allerdings ist in manchen Besprechungsniederschriften auch von einem Weihnachtsengel die Rede. Für die Planer schienen die Figuren mehr oder weniger dasselbe darzustellen. Wichtig war ihnen, dass das Christkind ihre politische Botschaft verkündete. Der Jurist und berufsmäßige Stadtrat für das Gesundheits- und Jugendwesen Robert Plank war der Autor eines Prologs, in dem das Christkind die neue Zeit rühmte:

»Nürnberg! Wie liebt' ich immer Dich schöne deutsche Stadt,
Die ihresgleichen nirgends in deutschen Landen hat.
Doch als vor vielen Jahren man meinen Markt mir nahm
Und dann vor's Tor mich jagte, da wurde ich Euch gram.

Doch neue Zeiten kamen und Deutschland ist erwacht!
Und hat zu Ehren wieder den alten Brauch gebracht.«

Die folgenden Strophen des Prologs thematisierten die weihnachtliche Vorfreude der Kinder und die Tradition der Nürnberger Handwerkskunst. Der Rest der Feierlichkeiten blieb weitgehend christlich-traditionell. Ein Kinderchor sang Weihnachtslieder, wenn auch begleitet von Musikern der Reichswehr, und sogar die Glocken von St. Sebald und St. Lorenz läuteten zum Abschluss. Zwar hätte ein Wintersonnwend- oder Julfest besser der politischen Ideologie entsprochen, doch die neuen Machthaber hatten ein Gespür dafür, dass eine Veranstaltung, die nahtlos an das weihnachtliche Brauchtum anschloss, von der Bevölkerung besser angenommen werden würde. Immerhin gehörten 95 Prozent der Deutschen in den 1930er-Jahren einer der christlichen Kirchen an. Dargestellt wurde das erste Christkind von Renate Timm, einer Schauspielerin des städtischen Theaters. Entlohnt wurde »Frl. Timm«, wie es in den Akten vermerkt ist, mit 20 Reichsmark, einer Schachtel Pralinen im Wert von zwei Reichsmark und einem Rauschgoldengel für eine Reichsmark.

Schließlich traten am Abend des 4. Dezember 1933 beide Nürnberger Weihnachtsfiguren auf. Die von NS-Oberbürgermeister Willy Liebel und seinem Mitarbeiterstab beabsichtigte Propagandawirkung schienen sie nicht zu verfehlen. Der *Fränkische Kurier* berichtete am Folgetag enthusiastisch: »Und plötzlich stand dann im hellen Licht auf dem Balkon das Christkind selbst in

Engelchen gibt es auf dem Christkindlesmarkt in vielen Formen.

goldverziertem silbernen Gewand, mit gelöstem Haar, zu seiner Rechten und Linken zwei prächtige, pausbäckige Rauschgoldengel mit der goldenen Krone.«

Doch was ist es nun, das Nürnberger Christkind: Verkündigungsengel, Rauschgoldengel, Gabenbringerin, eine protestantische Marienfigur, eine fränkische Luzia oder von allem ein bisschen? Es ist vor allem eine Figur, die Raum lässt für eigene Vorstellungen, für Erinnerungen an die Kindheit, für ein bisschen Romantik und Lichterglanz in der dunklen Jahreszeit. Und es ist eine Gestalt mit einer zunehmend spezifischen Nürnberger Ausprägung, die sich vor allem ab 1969 entwickelte. ★

Inge Eichenseer 1973/74

Die Bewerbung erfolgt hinter dem Rücken der Eltern. Allein nimmt sie den Termin beim Stadtfotografen wahr, um sich nach der erfolgreichen ersten Runde für die Zeitungspräsentation der letzten zwölf Mädchen ablichten zu lassen. Als die Porträts in den Medien erscheinen, muss ein befreundeter Nachbar in ihrer Familie für die Aufklärung sorgen. Inge macht gerade eine Ausbildung als Bauzeichnerin für Hochbau in einem Ingenieurbüro.

Am Tag der entscheidenden Jurysitzung arbeitet sie vormittags noch auf der Lehrbaustelle. Es gehört zur Ausbildung, Erfahrungen als Maurer, Zimmerer oder im Stahlbau zu sammeln. Ihre Mitbewerberinnen tragen den Prolog auswendig vor, sie stützt sich auf eine schriftliche Unterlage. In einer Stichwahl wird sie dennoch zum Nürnberger Christkind gekürt.

»Das war eine Sensation, dass ein Christkind die Maurerkelle schwingt«, erinnert sich Inge. Und noch etwas zeichnet sie aus: Inge hat lange blonde, kräftige, wellige Haare. Als sie im Opernhaus eingekleidet wird, entscheiden die Maskenbildner, dass sie kein künstliches Haar tragen soll. So wird Inge das einzige Nürnberger Christkind seit 1962, das keine Perücke getragen hat.

Ihre Körpergröße von 1,77 Metern führt zu kuriosen Erlebnissen mit Taxifahrern, die sie zu ihren Auftritten bringen. Nicht jeder ist über den Transport glücklich, weil er um die Unversehrtheit des Dachhimmels im Wagen fürchtet. Die Spitzen der Krone könnten ja Schäden verursachen. Ein Chauffeur geht so weit, dass er das Christkind nur auf dem Beifahrersitz mitnimmt, nachdem er ihn in Liegeposition gebracht hat. Inge nimmt es mit Humor. Wie auch den Empfang am Flughafen Frankfurt am Main. Die Organisatoren halten es für eine originelle Idee, das Nürnberger Christkind auf dem Rollfeld mit einem Nikolaus und einem Esel abzuholen. Das Christkind soll im Damensitz zum Empfangsgebäude reiten. Der Esel ist wohl nicht eingeweiht und weigert sich beharrlich, auch nur einen Schritt zu gehen. Erst als sich Inge kurz entschlossen in normale Reitposition begibt, setzt sich der Esel gemächlich in Bewegung.

Michaela Kraus 1975/76

Ihre Bewerbung hat sie ihrer besten Freundin zu verdanken. Sie selbst hat zunächst gar nicht daran gedacht, Nürnberger Christkind zu werden. Als sie dann tatsächlich gewählt ist, ist ihr Erstaunen groß. Allein fährt sie nach der Kür mit der Straßenbahn nach Hause, erfüllt von Freude und einen großen Blumenstrauß in Händen. Jemand spricht sie an: »Was ist denn mit Ihnen los? Sie strahlen ja wie ein Christkind.« Michaela gibt zurück: »Sie haben recht. Das bin ich gerade geworden.« Im Nu weiß es jeder Fahrgast im Wagen.

Michaela besucht das Hardenberg-Gymnasium in Fürth. Es gilt in den 1970er-Jahren als »progressiv«. Wenige interessieren sich für das schöne Amt der Mitschülerin. Es schlägt ihr auch offene Ablehnung entgegen, die bis hinein in die Lehrerschaft reicht. Wie kann man nur in eine so konservative Figur schlüpfen? Michaela lässt sich nicht beirren und gewinnt an Stärke. Am Tag ihrer ersten Eröffnungsfeier schreibt sie vormittags noch eine Lateinschulaufgabe.

Für das Ehrenamt nimmt sie einiges in Kauf. Oft hat sie keine Zeit, zu lernen. Sie ist nicht schlecht in der Schule, aber sie wiederholt später freiwillig ein Jahr, um den Notendurchschnitt zu erreichen, mit dem sie für das Medizinstudium zugelassen wird. Nach dem Abschluss und ersten Jahren in der Inneren Medizin wechselt sie in die Kindermedizin. Später lässt sie sich in Neustadt an der Aisch als Fachärztin für Kinder- und Jugendmedizin nieder, spezialisiert sich zudem auf Psychotherapie.

Von ihrer Zeit als Nürnberger Christkind profitiert sie »absolut«. Sie gewinnt Selbstsicherheit, lernt, wie man auf andere Menschen zugeht. Sie lernt auch, Dinge auszuhalten, die nicht angenehm sind, wie zum Beispiel die Erfahrungen in ihrer Schule. Eine Begegnung mit Loki Schmidt, der Frau des Bundeskanzlers Helmut Schmidt, bleibt in bester Erinnerung. Das innere Band zum Christkind besteht ein Leben lang. 2020 fällt ihr des Nachts der Text für einen abgewandelten Prolog in Corona-Zeiten aus dem Kopf, wie sie sagt. Er wird komplett in den *Nürnberger Nachrichten* abgedruckt.

Entscheidung im Schönen Saal

Die Wahl des Nürnberger Christkinds

Sophie Keeser, bekannte Schauspielerin am Nürnberger Stadttheater, wurde auserkoren, den ersten Christkindlesmarkt nach dem Zweiten Weltkrieg zu eröffnen. Für diese Aufgabe ausgewählt hatte die 24-Jährige der Chefdramaturg am Schauspielhaus, Friedrich Bröger. Es ging um eine Rolle, um einen Auftritt. Die Wahl lag nahe, denn Keeser spielte auch in den Weihnachtsmärchen des Theaters das Christkind. Bröger bestimmte später auch Irene Brunner als Nachfolgerin von Sophie Keeser im Amt der Himmelsbotin ab 1961. Mehr als 20 Jahre gaben so Schauspielerinnen das Christkind.

Die Figur des Nürnberger Christkinds war in den 1950er- und 1960er-Jahren auf zwei Aufgaben beschränkt: die Eröffnung des Markts und die öffentliche Bescherung bedürftiger Kinder. Diesen Wohlfahrtsakt übernahm aber nicht das eigentliche Christkind, sondern eine andere Schauspielerin. Diese »Doppelbesetzung« stellte niemand infrage. In der Berichterstattung und öffentlichen Wahrnehmung erfuhr das Christkind jenseits dieser wenigen Einsätze keine Aufmerksamkeit. Ab 1969 sollte sich dies grundlegend ändern.

Die Großstadt Heilbronn am Neckar, rund 50 Kilometer nördlich von Stuttgart in Baden-Württemberg gelegen, könnte man vielleicht als die westlichste fränkische Kommune bezeichnen, auch wenn sie heute eine ganz eigene schwäbisch-fränkische Identität aufweist. Heilbronn ist Oberzentrum der Region Heilbronn-Franken. Zwischen Heilbronn und Nürnberg bestehen freundschaftliche Verbindungen. Im wechselnden Turnus besuchen sich Stadtratsdelegationen mit den Oberbürgermeistern an der Spitze. Heilbronn ist auch als »Käthchenstadt« bekannt – benannt nach der Hauptfigur in Heinrich von Kleists Schauspiel *Das Käthchen von Heilbronn*. Die Stadt machte sich das früh zunutze, indem aus der literarischen Gestalt eine leibhaftige Stadt-

Eine siebenköpfige Jury trifft die Vorauswahl bei der ersten Christkindleswahl 1969. Von der Stadt Nürnberg sind dabei: Presseamtschef Walter Schatz (zweiter von rechts), Gertrud Gerardi, Fotografin und Leiterin der Bildstelle (zweite von links), und Oberbaudirektor Otto Peter Görl (dritter von links), außerdem Pressevertreter.

repräsentantin erwuchs. Als ältester Nachweis einer derartigen Werbefigur gilt ein Dokument vom 18. August 1872, als bei einem Empfang für den Kronprinzen Friedrich Wilhelm von Preußen auch ein Käthchen bereitstand. 1950 wurde in Heilbronn das Käthchen neu etabliert. Seither wurden zunächst immer junge Frauen aus der Stadtverwaltung mit dieser repräsentativen Aufgabe betraut.

Ein Käthchen empfing auch Ende der 1960er-Jahre eine Nürnberger Gesandtschaft. Nürnbergs Pressechef Walter Schatz erfuhr dabei, dass es demnächst eine öffentliche Wahl für diese Werbeträgerin im historischen Kostüm geben werde. Diese Information wirkte als Initialzündung für den Nürnberger Presseamtsleiter. Der Gedanke einer Christkindwahl reifte. Würde eine Kür in einem Wettbewerb unter jungen Nürnbergerinnen die Figur nicht noch reizvoller und attraktiver machen? Ein Mädchen aus der Stadt als Galionsfigur für Nürnbergs Vorzeigemarkt? Von den Bürgerinnen und Bürgern mitbestimmt? Niemand konnte zu diesem Zeitpunkt ahnen, als wie weitsichtig und nachhaltig sich diese Idee erweisen sollte.

Walter Schatz setzte sein Vorhaben entschlossen um. So wurde er zum Christkind-»Vater«. Die Stadt schrieb einen Wettbewerb aus. Am 7. Oktober 1969 stand in den *Nürnberger Nachrichten* ein Aufruf für die Bewerbung für das Amt des Nürnberger Christkinds. In dem Beitrag heißt es: »Nürnberg, schon durch etliche alte Meister, durch mittelalterliche Sehenswürdigkeiten, durch Spielwaren, Lebkuchen und Bratwürste berühmt, will sich nun auch mit Charme und jugendlichem Liebreiz schmücken: ein ›Nürnberger Christkind‹ wird gesucht.« Ausdrücklich ist vom Beispiel Heilbronn die Rede. Und die Zeitung hält auch dies fest: »Hier kann ein natürliches, nettes Mädchen ohne das übliche Drum und Dran von Mißwahlen mit Oberweiten und Taillen-Umfang eine freundliche Aufgabe für seine Heimatstadt erfüllen und sich dabei selber der Volksgunst erfreuen. Gesucht wird ein Nürnberger Christkind, keine ›Miß Christkind‹.«

Es wurden auch die formalen Kriterien veröffentlicht, die bis heute gelten: Die Bewerberin muss schon länger in Nürnberg leben (wobei es auch nicht schadet, wenn sie hier geboren ist), sie muss mindestens 1,60 Meter groß und schwindelfrei sein. Was seine Gründe hat, wegen der niedrigen Brüstung der zwölf Meter hoch gelegenen Empore an der Frauenkirche, wo der Prolog zudem noch von einem erhöhten Podest aus vorgetragen wird. Wetterfestigkeit ist ebenfalls notwendig, denn Besuche auf dem Markt und andernorts im Freien können auch schon mal von Schnee oder Regen begleitet sein. Die Haarfarbe spielt keine Rolle, da das Christkind ohnedies eine Perücke trägt. Es handelt sich um ein Ehrenamt mit einer zweijährigen »Dienstzeit«. Gleichzeitig wurde ein dreistufiges Wahlverfahren festgelegt.

Phase 1

Nach einer ersten öffentlichen Ausschreibung können sich Interessentinnen schriftlich mit einem Foto, Angaben zur Person und zu den Beweggründen bei der Stadt Nürnberg bewerben. Seit 1977 wird eine genaue Statistik geführt, was die Zahl der Bewerbungen anbelangt. Sie schwankt zwischen dem Höchststand von 107 im Jahr 1981 (wobei 25 Bewerbungen dabei waren, die die Bedingungen nicht erfüllten) und 25 wie etwa in den Jahren 2015 und 2019.

Phase 2

Wenn die erste zweiwöchige Frist – zum Auftakt 1969 waren es gerade elf Tage – für die Einsendungen abgelaufen ist, begutachtet eine Jury aus Vertreterinnen und Vertretern des Presseamts und der Medien die schriftlichen Bewerbungen. Dabei geht es um eine Sichtung der schriftlichen Unterlagen und Prüfung der formalen Kriterien. Immer wieder versuchen auch Mädchen ihr Glück, die zu jung sind oder nicht in Nürnberg leben. Der Entscheiderkreis sucht zwölf Aspirantinnen für die nächste Runde aus, die von einem städtischen Fotografen porträtiert werden. Diese Bilder und knappe Angaben zur Person (Alter, Schule, Hobbys) werden in den Medien veröffentlicht. Nun kommen die Bürgerinnen und Bürger zum Zug. Sie haben die Möglichkeit, ihre Favoritin zu wählen – per Postkarte, E-Mail oder seit vielen Jahren auch im Internet per Mausklick. Die schriftlichen Voten können nicht nur an die Stadt Nürnberg direkt, sondern auch an die Medien geschickt werden, die die Zuschriften später an die Stadt weitergeben.

In dieser Phase schreiben Freundinnen, Freunde, Omas, Onkels und die ganze Verwandtschaft Postkarten für »ihr« Mädchen und animieren andere, es ihnen gleich zu tun. Seit Jahren suchen auch die Kandidatinnen selbst nach Unterstützerinnen und Unterstützern – in der Familie, in der Schule, im Freundeskreis, in der Kirchengemeinde oder im Sportverein. Um in die Runde der letzten zwölf zu kommen, ist das Sammeln von vielen Stimmen – auch per Unterschriftenlisten – eine erste Bewährungsprobe. Wem der Impetus fehlt, wirklich Christkind werden zu wollen, und wer andere nicht für sich gewinnen kann, wird wenig Erfolg haben. Es ist ein erster wichtiger Sympathietest. Die Bevölkerung nahm dabei im Lauf der Zeit immer reger Anteil, die Online-Abstimmung machte es auch leichter. Ein paar Zahlen: An der Christkindwahl 1997 beteiligten sich rund 4700 Personen, 2001 waren es 9500 (davon online 3750), 2003 bereits 10300 (über 4000 online), 2005 circa 15400 (6200 davon online). Bei der Christkindwahl 2019 gingen insgesamt nahezu 40000 Stimmen (rund 25000 online) ein. Jahre zuvor lag die Zahl auch schon einmal über 45000. Die Wahl des Nürnberger Christkinds könnte demnach demokratischer nicht sein.

Phase 3

Liegen alle Voten vor, werden die sechs Bewerberinnen mit den meisten Stimmen vor eine finale Jury gebeten. Dieses Gremium besteht aus gesetzten Mitgliedern wie der jeweiligen Spitze des Marktamts, der Congress- und Tourismus-Zentrale, der Städtischen Bühnen (seit 2005: Staatstheater Nürnberg) – immer prominent besetzt mit Generalintendanten, Schauspieldirektoren oder künstlerischen Direktoren –, des Presse- und Informationsamts (seit 2021: Amt für Kommunikation und Stadtmarketing), dem jeweiligen Vorjahreschristkind (seit 1971) und seit ihrem Ausscheiden aus dem beruflichen Amt vier Mal der langjährigen Christkind-Betreuerin Edith Kerndler. Den Vorsitz führt der städtische Pressechef. Hinzu kommen Vertreterinnen und Vertreter der lokalen Medien. Zu Beginn des neuen Wahlverfahrens 1969 waren das noch erheblich weniger als fünf Jahrzehnte später. Eingeladen werden alle Nürnberger Medien – egal, ob groß oder klein. Seit vielen Jahren sind die Journalistinnen und Journalisten – gleichsam auch Repräsentanten der Bürgerschaft – in der deutlichen Überzahl gegenüber den Gremienmitgliedern von Stadt und Institutionen. So saßen 2019 neben fünf von der Kommune nominierten Personen zehn Medienvertreterinnen und -vertreter in der Jury. Darüber hinaus beobachteten zwölf weitere Journalistinnen und Journalisten für Zeitungen, Hörfunk, Fernsehen und Online-Medien das Geschehen als Berichterstatter.

Die Jurysitzung findet im Schönen Saal des Rathauses Wolffscher Bau statt. Die sechs Mädchen der Endausscheidung versammeln sich in einem Vorraum und werden nacheinander hereingebeten. Sie werden zu ihrer Person, nach den Motiven für die Bewerbung (häufige, aber gleichwohl glaubwürdige Antwort: »Erfüllung eines Kindheitstraums«) befragt. Die Mädchen

△ Jury-Sitzung 2013 – Edith Kerndler (vorne) macht sich Notizen.

△△ Allein vor vielen Juroren und Jurorinnen – Jury-Sitzung im Schönen Saal 2011

tragen auswendig ein Gedicht ihrer Wahl vor und rezitieren (mit Textvorlage) den Prolog des Christkinds. Natürlich gibt es auch die eine oder andere Frage zu Geschichte und Gegenwart der Stadt Nürnberg.

Das Gremium sucht immer ein Mädchen, dem es zutraut, die Aufgabe des Christkinds auszufüllen, für rund vier Wochen sogar das Christkind zu *sein*, auf jeden Fall, es glaubwürdig verkörpern zu können. Die Jury ist die letzte Instanz. Sie macht sich einen persönlichen Eindruck von jeder Bewerberin. Alle sechs Mädchen starten gewissermaßen gemeinsam bei null. Und es ist nicht gesagt, dass das Mädchen mit den meisten Bürgerstimmen aus der Vorentscheidung auch am Ende die Nase vorn hat. Seit 1969 sind immer wieder auch Mädchen zum Christkind gewählt worden, die zum Beispiel beim Gedichtvortrag einen kurzen Hänger oder einen Versprecher hatten. Aber mit ihrer Art, wie sie mit diesem vermeintlichen Missgeschick umgegangen sind, mit ihrer Spontaneität haben sie dann die Jury überzeugt. Von Anfang an war die Christkindkür keine »Misswahl«. Die Stadt Nürnberg sucht kein »Super-Christkind« im Sinne mancher Casting-Show im Fernsehen späterer Jahre. Nürnberger Christkinder sollten selbstbewusst, aber keine Selbstdarstellerinnen sein. Christkindsein heißt in erster Linie: für andere da zu sein. Yvonne Coulin, die Chefin der Congress- und Tourismus-Zentrale, war 2010 erstmals in der Jury. Sie war sofort »schwer beeindruckt«. Es komme nicht auf »Schönheit« an, sondern auf wesentliche Werte.

Ungläubiges Strahlen und Freudensprünge nach der Wahl zum Christkind – 1989 bei Sandra Niederberger (linkes Bild links, mit ihrer Vorgängerin Doris Kormann), Ruth Klinger 1979 ...

… und bei Rebecca Ammon 2017 oder Teresa Treuheit 2013.

Das langjährige Jurymitglied Isabel Lauer, Redakteurin der *Nürnberger Zeitung*, sagt: »Die Endauswahl ist immer ein sehr ernsthaftes, aber auch wohlwollendes Verfahren. Mich beeindruckt immer das Prozedere, wie die Kandidatinnen alles meistern. Die Szenerie im Schönen Saal ist relativ einschüchternd, aber fraglos auch ein wichtiges Format. Es ist so etwas wie ein Härtetest. Wer sich behauptet, kann schon was, hat Stehvermögen, kann auch vor der Erwachsenenwelt auftreten. Und man erkennt erst in der Live-Begegnung, welche Wirkung ein Mensch hat. Medienleute haben dafür ein ganz gutes Gespür.«

Die Jury steht seit Jahrzehnten alle zwei Jahre vor einer schwierigen Aufgabe. Sie muss sich innerhalb von etwa 30 Minuten ein Bild von jeder Bewerberin machen und dabei prognostizieren, wer das Amt mit all seinen Facetten am besten ausfüllen kann. Es gilt auch, die persönlichen und sozialen Kompetenzen herauszufinden. Es ist wahrscheinlich kein Zufall, dass nahezu alle erfolgreichen Christkind-Bewerberinnen vielseitige Interessen haben, Sport treiben, gerne tanzen, musizieren oder Theater spielen, in Vereinen, Kirchengemeinden oder Jugendgruppen engagiert sind. Es war und ist immer gefragt: ein frisches, herzliches, den Menschen zugewandtes, mitfühlendes, offenes, spontanes, souveränes und trotz junger Jahre charakterlich gefestigtes Mädchen. Was für eine Anforderung! Das Erstaunliche: Es war nie schwierig, solche jungen Persönlichkeiten auszuwählen. Die Christkinder sind mitten in Nürnberg. ★

Ein Jahr mit drei Christkindern

Barbara Zillgens setzt sich 1993 gegen 36 andere Mitstreiterinnen durch. Sie ist das 13. gewählte Nürnberger Christkind. In den Kreis der letzten sechs Kandidatinnen kommt auch Aknaf Hedrit. Sie ist die erste nicht-weiße Bewerberin für das Christkindamt. Das Mädchen eritreischer Abstammung ist Schülerin am Hans-Sachs-Gymnasium und wird kurz vor dem Start des Christkindlesmarkts gerade erst 16 Jahre alt. Die Jury entscheidet sich für die reifere Barbara Zillgens. Die Medienwerkstatt Franken steckt Hedrit später für einen Fernsehbeitrag in das Christkindgewand und lässt sie über den Christkindlesmarkt flanieren. So erfährt auch Aknaf Hedrit besondere Aufmerksamkeit.

Es bewirbt sich in diesem Jahr auch ein Mann, Stefan Thor, 22 Jahre alt. Er hat lange, wallende, blonde Haare, weswegen er keine Perücke bräuchte, lässt der Schriftsetzer wissen. Mit Kindern und alten Menschen könne er ganz gut umgehen. Aufgrund seines Alters habe er eine »gewisse sittliche und moralische Reife«. »Ich bin nicht schön, aber charmant. Ich bin wetter- und trinkfest.« Das alles steht in seinem Bewerbungsschreiben. Die Stadt lehnt ihn aufgrund der tradierten Kriterien ab.

Die Medien greifen den Stoff dankbar auf. In der *Bayerischen Staatszeitung* äußern sich höchste kirchliche Würdenträger. Der Münchner Oberkirchenrat Hans Schwager wird mit diesen Worten zitiert: »Ich kann mir als Christkind durchaus auch einen Mann vorstellen.« Hermann von Loewenich, evange-

Für das Fernsehen inszeniert: die unterlegene Christkindbewerberin Aknaf Hedrit im geliehenen Ornat beim Bummel über den Christkindlesmarkt

»Alternativ-Christkind« Stefan Thor bei seinem Prolog-Vortrag an der Stadtmauer

lischer Regionalbischof, sieht das Christkind im Engelsgewand als »eine Art Verkündigungsengel«. Ihm leuchtet nicht ein, dass Christkinder weiblich sein müssen. »Auch Männer können Engel sein«, sagt von Loewenich. Die städtische Frauenbeauftragte Ida Hiller sagt in einem Interview: »Diese Ehrenämter, die auch unbezahlt sind, überlassen wir gerne den Männern.«

Eine halbe Stunde vor der offiziellen Christkindlesmarkteröffnung spricht Stefan Thor als »Alternativ-Christkind« an einer Brüstung des Marientorzwingers an der Stadtmauer, ausstaffiert mit einem christkindähnlichen Gewand und einer Krone auf dem Haupt, den Prolog des Christkinds. Die Medien berichten auch überregional. Die Sat 1-Show *Schreinemakers live* lädt Thor und das echte Christkind Barbara Zillgens in die Sendung. Jahre später räumt Thor – wenig überraschend – ein, dass seine mit Freunden ausgeheckte Bewerbung gar nicht so ernst gemeint war. Seither hat auch seine Haarpracht deutlich abgenommen.

Birgit Schirlitz 1977/78

Nicht jedes Christkind will von sich aus Christkind werden. Es braucht manchmal einen Anstoß. Bei Birgit Schirlitz sind es die Eltern und die Patentante, die sie zur Bewerbung animieren. Aber wirklich überredet werden muss sie nicht.

Birgit ist das fünfte gewählte Christkind. Manches hat sich auch im Presseamt inzwischen eingespielt. Birgit erhält Sprechunterricht im Opernhaus. Die Termine nehmen zu. Vier bis fünf sind es am Tag. Luitgard Rottmann aus dem Presseamt gibt die städtischen Termine telefonisch durch. Sie haben Vorrang. Dazu kommen Einladungen zu Vereinen und Firmen-Weihnachtsfeiern. Darum muss sich Birgit mit ihrer Familie selbst kümmern. Die Mutter übernimmt die Chauffeurdienste. »Ohne Mama wäre das gar nicht gegangen«, weiß Birgit schon früh.

Das Christkind Birgit freut sich über die warme Anerkennung durch die Öffentlichkeit. Als sie einmal auf dem stummen Zeitungsverkäufer der *Abendzeitung* in großen Lettern als Gast am »AZ-Telefon« angekündigt wird, ist das für sie ein Highlight. Ebenso der Auftritt in Rheda-Wiedenbrück. Birgit ist begeistert von der dortigen Inszenierung: Das Nürnberger Christkind wird mit einem Hubwagen aus dem Dunkel emporgehoben, um von exponierter Position den Prolog zu sprechen. Dass das Christkind nicht überall bekannt ist, erfährt sie auf einem Weihnachtsmarkt in Düsseldorf, wo ihr viele Leute ein fröhliches »Helau« zurufen. Sie nimmt es mit Humor.

Der Abschied vom Christkind fällt Birgit nicht schwer. »Es war schön. Alles zu seiner Zeit«, sagt sie heute. Der Prolog sitzt immer noch. 30 Jahre lang arbeitet sie als Bankkauffrau. Sie treibt viel Sport. Seit vielen Jahren ist sie als Übungsleiterin ehrenamtlich in einem Nürnberger Sportverein aktiv. Sie bleibt das letzte Christkind in der Amtszeit des städtischen Pressechefs Walter Schatz. Eine Zäsur.

Ruth Klinger 1979/80

Als Tochter aus einem evangelischen Pfarrhaus scheint ihr das Amt schon in die Wiege gelegt. Doch selbst kommt sie nicht auf die Idee, sich als Christkind zu bewerben. Eine ihrer älteren Schwestern ermuntert sie dazu. Als später jemand aus der Jury wissen will, ob sie einen Freund habe, antwortet sie bestimmt: »Ich glaube, das geht Sie gar nichts an.« Danach denkt sie: »Jetzt werde ich es eh nicht.« Umso größer die Freude, als die Kür zu ihren Gunsten ausfällt.

Für die 16-Jährige, die sich bis zu diesem Zeitpunkt noch nie geschminkt hat, wird die offizielle Vorbereitung im Opernhaus eine gewisse Herausforderung – auch wenn der Maskenbildner es nur gut meint. Das Christkind-kleid »mit den schönen weiten Ärmeln« indes gefällt ihr von Anfang an. Die Sprechschulung im Theater findet sie »unheimlich toll«. Der Ausflug ins »Showbusiness«, etwa zur TV-Sendung *Musik ist Trumpf* mit Harald Juhnke und einem vorgegebenen Interviewtext, irritiert sie, auch wenn alle Stars hinter der Bühne »sehr nett« zu ihr sind. Dass sie einmal mit dem Christkind-Betreuer Kurt Prölß in der Bahnhofsmission in Aachen warten muss, weil das offizielle Empfangskomitee die Gäste verpasst hat, nimmt sie mit Gelassenheit.

Die Begegnungen mit Kindern berühren sie, und manchmal ist sie erstaunt, wie sehr sich die Menschen freuen, wenn das Christkind erscheint. Sie spricht gerne mit den Marktkaufleuten und spürt, wie sehr ihre Aufmerksamkeit die Händler begeistert. Deshalb regt sie an, dass das Christkind auch immer wieder »seinen« Markt besucht, und begründet damit eine neue Tradition.

Nach dem Abitur studiert sie evangelische Theologie und wird Pfarrerin. Der Beruf erfüllt sie. Jahrzehnte später sieht sie Parallelen zu ihrer Zeit als Christkind: »Es ist eine symbolhafte Rolle, die Herzen öffnet. Man genießt einen großen Vertrauensvorschuss, mit dem man sorgfältig umgehen muss: der Rolle gerecht zu werden und gleichzeitig man selbst zu bleiben.« Noch heute will sie als Seelsorgerin das Leben der Menschen erleichtern. Schon als Christkind hat sie sich gefreut, »anderen eine Freude zu machen«. Das ist für sie ein Lebensauftrag.

Goldenes Gewand und lockiges Haar

Die Erscheinung des Nürnberger Christkinds

Das Nürnberger Christkind hat ein prächtiges Gewand, trägt eine Perücke mit blonden, gelockten Haaren und eine Krone auf dem Haupt. Durch dieses seit über 50 Jahren konstante Erscheinungsbild ist es auf einzigartige Weise unverwechselbar geworden. Marketingleute würden sagen: Das Nürnberger Christkind ist eine starke Marke. Es ist so unverkennbar, dass viele Menschen oft nicht wissen, wer hinter der Verkleidung steckt, weil sich die Christkinder so sehr ähneln. Das war nicht immer so.

Eine Aufnahme von 1950 zeigt Sophie Keeser in einem bodenlangen Kleid aus fließendem weißen Stoff mit langen Ärmeln. »1953 veränderte das Christkind zum ersten Mal sein Aussehen. Das Kleid war ebenso wie das vorige eher schlicht und langärmelig, diesmal jedoch silber-golden changierend«, schreibt Stephanie Jank. Außerdem trug Sophie Keeser jetzt auf dem Kopf einen dünnen goldenen Reifen, der an einen Heiligenschein erinnerte. Dieses Kleid trug auch noch Irene Brunner als Keeser-Nachfolgerin bei ihrem ersten Auftritt 1961. In diesem Jahr trat Brunner auch noch mit ihren echten dunklen Haaren auf. Das änderte sich im Jahr darauf.

1962 bekam das Christkind erstmals eine blond gelockte Perücke und eine Krone verpasst. Auch das Kleid wurde ausgetauscht. Brunner trug in den nächsten Jahren ein Brokatkleid mit weiten, trompetenförmigen Ärmeln und einem runden Stehkragen, unter dem ein aufgesetzter Stern mit einem Stein aufgenäht war. Die nächste Neuerung erfuhr das Christkindgewand 1973. Das taillenlose Kleid hatte nun statt der Ärmel erstmals goldene Flügel, in denen die Arme versteckt werden konnten.

Stephanie Jank schreibt in ihrer Untersuchung: »Erst mit dem fünften Kleid kam ein großer Stern auf das Mieder der Amtsrobe des damaligen

△ Die äußere Erscheinung des Christkinds unterlag bis Anfang der 1990er-Jahre immer wieder einem Wandel: Sophie Keeser, 1950 (links oben), Michaela Kraus, 1975/76 (rechts oben), Doris Kormann, 1987/88 (links unten), Andrea Bieg, 1991/92 (rechts unten).

◁ Eine Mitarbeiterin des Opernhauses steigt kurz entschlossen auf einen Stuhl, um dem groß gewachsenen Christkind Inge Eichenseer die Krone zu richten.

△ Das erste gewählte Christkind Gabriele Bergmann 1970 auf seinem Markt vor der Frauenkirche

△△ Die Rauschgoldengel dürfen nicht fehlen – Christkind Sophie Keeser bei einem Auftritt 1953

Christkinds Doris Kormann. Nun hatte es alle Attribute eines Engels und ähnelte in nichts mehr dem Christkind von 1948, das jenem der Umzugsbräuche glich, und auch nicht mehr dem von 1953 mit dem Heiligenschein, der wohl als Anspielung an das Christuskind gedacht war.«

Es folgten in den nächsten Jahren immer wieder nur kleine Änderungen. Seit 1991 werden die Kleider für die neuen Christkinder nach einem grundlegenden Entwurf des langjährigen Gewandmeisters Paul Klein genäht. Ihm folgte Damengewandmeisterin Eva Weber in der Aufgabe nach, sich den Christkindkleidern zu widmen. Anfänglich wurden die Roben noch von Christkind zu Christkind »vererbt« und mussten der jeweiligen Figur angepasst werden. Mit der Zunahme der Termine war aber auch eine höhere Beanspruchung der Roben verbunden. Seit Jahrzehnten wurden immer neue Gewänder geschneidert, seit 2013 bekommt jedes Christkind zwei neue Roben. Es werden aber auch frühere weiterverwendet.

Seit 2005 ist das Design gänzlich identisch. Es gibt je eine Version mit steiferen Flügeln für die Eröffnung und weitere Auftritte im Freien und ein bequemeres mit weicherem Lamé überwiegend für den Einsatz in geschlossenen Räumen. Für jedes Kleid werden fünf Meter Brokat, acht Meter Goldlamé sowie Einlagen- und Futterstoff verarbeitet. Rund 80 Stunden Arbeitszeit stecken in jedem Gewand. Das Staatstheater hält in jeder Saison fünf Roben vor – zwei für das amtierende und zwei für das »Auslandschristkind« sowie eines in Reserve. Wenn einmal ein Malheur passiert – die Kostümabteilung des Staatstheaters bringt alles wieder in Ordnung. Insgesamt hütet das Staatstheater im Fundus 15 Christkindkleider, 15 Heroldskostüme (in denen die Posaunenbläser bei der Eröffnung stecken) und sechs Kostüme für die Rauschgoldengel.

Perfekt ist das Christkind erst mit seinem unverwechselbaren Kopfputz. Die Perücken bestehen aus asiatischem Haar (weil es robuster ist), das erst entfärbt und anschließend blond eingefärbt wird, ehe es in einzelnen Partien mit Lockenwicklern in Form gebracht wird. Die Anfertigung dauert etwa 80 Stunden. Es gehört viel Sorgfalt dazu, ehe Chefmaskenbildnerin Helke Hadlich mit ihrem Werk zufrieden ist. Pro Saison sind fünf Perücken im Einsatz. Wenn beispielsweise das gerade getragene Exemplar durch Regen in Mitleidenschaft gezogen worden ist, ist ein Wechsel vonnöten. Das Christkind soll ja nicht an Glanz und Ausstrahlung verlieren. Und das »Auslandschristkind« hat auch Bedarf. Die Perücken überdauern viele Jahre, müssen

Christkind Teresa Treuheit zaubert ein Lächeln auf die Gesichter der Christkindlesmarkt-besucher, links zu sehen: Christkindmobil-Fahrer Uwe Freese.

aber gepflegt, immer wieder frisch eingedreht und ausfrisiert werden. Dabei scheinen sie auch manche Beeinträchtigung gut zu überstehen: Es soll Christkinder geben, die sich als Erinnerung eine Locke abschneiden. Helke Hadlich ist auch seit vielen Jahren für das Make-up des Christkinds zuständig. Sie achtet darauf, »das zu verstärken, was jedes Mädchen mitbringt«. Sie will nur die »natürliche, frische Schönheit« unterstreichen. Es soll gar nicht auffallen, dass das Christkind geschminkt ist.

Die heutige Krone des Christkinds hat ebenfalls bereits mehrere Vorläufer. Die erste, von Irene Brunner getragene, war aus Messing. Auch das Nachfolgemodell bestand aus diesem Material und ähnelte dem ersten Exemplar sehr stark. Seit 1975 war Rüstmeister Dieter Ruscher für die »Krönung« des Christkinds zuständig. 1983 schuf er eine neue Krone, die sich an den Vorläufern orientierte, sie wurde durch eine Verjüngung der Spitzen jedoch noch ein Stück höher. Die vergoldete Krone hatte drei Steine – in den vielen Jahren mal gelb, grün, orange oder rot. Sie wog über ein Kilogramm. Über das Gewicht beschwerte sich manches Christkind. Und irgendwann zeigte das Exemplar auch

Christkind Benigna Munsi im Historischen Rathaussaal, 2019/20

Abnutzungserscheinungen. 2013 schuf Waffenmeister Peter Hofmann am Staatstheater ein Nachfolgeexemplar. Die aktuelle Krone besteht aus vergoldetem Messing, ist mit rund 800 Gramm ein bisschen leichter, misst 27 Zentimeter in der Höhe und der Durchmesser beträgt 25 Zentimeter. Damit das Metall nicht auf dem Kopf drückt, ist es – wie auch schon vorher – mit Schaumstoff ausgepolstert. So lässt sich auch der unterschiedliche Kopfumfang der Trägerinnen ausgleichen. Trotzdem kann die Krone nach einem langen Tag des Tragens immer noch ganz schön schwer werden.

Das Nürnberger Vorbild hat seit Jahren viele Städte und Gemeinden gerade in Franken, aber auch darüber hinaus, inspiriert, für die eigenen Weihnachtsmärkte Nachahmungen der Figur zu schaffen. Ob in Pegnitz, Wendelstein, Feucht, Hersbruck oder Deggendorf – überall wurden neue Christkinder geboren. Manchmal kommen sie durch Wahl in ihr Amt, manchmal werden sie auch ohne Wettbewerb bestimmt. Auch in Nürnbergs Nachbarstadt Fürth gibt es seit Jahrzehnten ein Christkind. Man darf aber feststellen: In Nürnberg ist das Christkind zu Hause. ★

Heike Steinbauer
1981/82

Schon als Jugendliche weiß sie, was sie will. Zum Beispiel Nürnberger Christkind werden. Und weil es beim ersten Anlauf im Alter von 16 Jahren nicht gleich klappt, bewirbt sie sich zwei Jahre später erneut – diesmal mit Erfolg. Die abendlich beleuchtete Szenerie der Budenstadt empfindet sie als »richtig märchenhaft«. Sie genießt den ersten Auftritt auf der Empore der Frauenkirche, auch wenn sie »superaufgeregt« ist. Zu diesem Zeitpunkt ahnt sie noch nicht, dass sie Jahrzehnte später bei jeder Markteröffnung das Christkind in unmittelbarer Nähe und wichtiger Funktion begleiten wird.

Die Christkindzeit ist für Heike eine »große Bereicherung«, sie ist »glücklich und zufrieden«. Die Eltern unterstützen ihre Tochter, die das musische Gymnasium in Schwabach besucht. Der Schuldirektor »drückt alle Augen zu«, wenn sie wieder einmal fehlt. Im zweiten Amtsjahr lernt sie bei einer Veranstaltung *den* Operettenstar der Städtischen Bühnen kennen: Kurt Leo Sourisseaux. »Souri«, wie er von vielen genannt wird, fördert die talentierte Heike. Sie hospitiert bei einer *Fledermaus*-Inszenierung, bekommt Statistenrollen und schließlich einen mehrjährigen Gastvertrag als Souffleuse am Nürnberger Opernhaus.

Doch irgendwann möchte sie sich selbst verstärkt der Musik zuwenden. Die alleinerziehende Mutter zweier Kinder unterrichtet in einer privaten Musikschule, macht sich dann als Klavierlehrerin selbstständig. Und bildet sich immer weiter fort. So ist sie unter anderem auch als Qigong- und Tai-Chi-Lehrerin tätig.

Wenn das Nürnberger Christkind mit dem Prolog den Christkindlesmarkt eröffnet, sitzt einen Meter hinter ihm in der Frauenkirche zur Sicherheit eine Souffleuse des Theaters. Als Mitte der 1990er-Jahre die damalige Fachkraft aus Altersgründen aufhört, wird Heike Steinbauer mit dieser Aufgabe betraut. So bleibt sie auf besondere Weise mit dem Amt verbunden, das sie selbst einmal innehatte. Und sie freut sich über den Kontakt zu ihren Nachfolgerinnen. Ist ihre Hilfe irgendwann einmal nötig gewesen? »Nein, nie«, sagt sie. »Die Mädchen werden gut vorbereitet. Es war immer alles einwandfrei.«

Claudia Stühler

1983/84

Dass Claudia Stühler »furchtbar aufgeregt« ist, scheint die Jury nicht mitbekommen zu haben. Für Pluspunkte sorgt nicht das von der 16-Jährigen vorgetragene Gedicht »Der alte Brunnen« von Hans Carossa. »Vielmehr war es ihre lebenslustige und launige Spritzigkeit, die der Zehntkläßlerin den Sieg brachte«, berichtet die *Nürnberger Zeitung*.

Nun laufen die Vorbereitungen in »Windeseile« an, vor allem: drei Mal pro Woche Sprechübungen (»Mein Nürnberger Slang mußte etwas poliert werden«), Fototermine, Interviews. Bei der letzten Probe: Halsschmerzen und Fieber. Am Eröffnungstag ist alles wieder gut. Nach dem ersten Prolog von der Empore empfindet Claudia nur noch »ein unbeschreibliches Gefühl der Freude«.

Bis Weihnachten nimmt sie in jedem Jahr rund 50 Termine wahr. Oft ist sie vormittags noch in der Schule. Das Maria-Ward-Gymnasium – die Nürnberger sprechen damals von den »Englischen Fräulein« – hat Verständnis, wenn Claudia doch einmal wegen ihrer himmlischen Verpflichtungen nicht am Unterricht teilnehmen kann. Claudia ist meist in Nürnberg im Einsatz, besucht aber auch Weihnachtsmärkte in Dortmund, Düsseldorf, Bochum, Wiedenbrück, Heidenheim (Brenz) oder Roth. Später zieht sie Bilanz: »Es war wirklich eine schöne Zeit für mich und ich hoffe sehr, dass ich meiner Aufgabe etwas gerecht werden konnte, die darin bestand, Freude und weihnachtlichen Frieden an Kinder, Kranke, Alte und Junge zu vermitteln.«

Claudia Stühler studiert nach dem Abitur an der Wirtschafts- und Sozialwissenschaftlichen Fakultät der Universität Erlangen-Nürnberg Betriebswirtschaft. Danach arbeitet sie als Diplom-Kauffrau bei einem großen Dienstleister für Steuerberater in Nürnberg. 1996 erkrankt sie an einem Aneurysma, später kommt ein Gefäßverschluss im Kopf hinzu. Zwei Jahre liegt sie im Koma. Sie stirbt am 4. September 2000 im Alter von 33 Jahren.

* Die wörtlichen Zitate von Claudia Stühler stammen aus einem mehrseitigen persönlichen Rückblick auf ihre Zeit als Christkind, den sie im Juni 1985 verfasst hat.

Auftakt voller Zauber

Die Eröffnungszeremonie

Am 3. Dezember 1948 eröffnete die Schauspielerin Sophie Keeser den ersten Christkindlesmarkt in Nürnberg nach dem Zweiten Weltkrieg. Zuvor hatte sie sich für eine stille Andacht vor den Altar der Frauenkirche gekniet. Da die Fassade der Frauenkirche noch beschädigt war, stand das Christkind auf einer davor aufgebauten Bühne. Flankiert war es von zwei Mädchen in traditionellen Rauschgoldengelkostümen. Ab 1950 sprach Keeser dann den Prolog von der wieder instand gesetzten Empore des Michaelschores.

Die Eröffnungszeremonie 1948 war schlicht. Der Posaunenchor des Christlichen Vereins Junger Männer (CVJM) spielte »Es ist ein Ros' entsprungen«, ein gemischter Chor unter der Leitung von Waldemar Klink – der Lehrer und Komponist leitete von 1936 bis 1959 die Städtische Singschule – sang »Stille Nacht, Heilige Nacht«. Es folgte der »Vorspruch« des Christkinds, danach intonierten Posaunen- und Gesangschor »O du fröhliche, o du selige«. Die Inszenierung erinnerte stark an die Vorbilder aus den 1930er-Jahren. »Man fand nichts dabei, alte Traditionen dieser eher unverfänglichen Art fortzuführen; an eine Neugestaltung dachte niemand«, schreibt die Volkskundlerin Susanne von Goessel-Steinmann. Der Verfasser des neuen Prologs Friedrich Bröger dagegen war als Sohn des Arbeiterdichters Karl Bröger Garant für einen neuen Geist.

Das Nürnberger Christkind stand bei der Feier zweifelsohne im Mittelpunkt, auch wenn es nicht von allen Besuchern auf dem Markt gesehen werden konnte. Dafür war die künstliche Erhebung, von der aus es sprach, zu niedrig. Die Darstellerin Sophie Keeser nahm sich sehr zurück, das Gewand wirkte fast unscheinbar. Es unterschied sich noch sehr von der heutigen Variante. Ansonsten: kein Schmuck, keine Flügel, keine Krone, keine Perücke. Dagegen traten die beiden assistierenden Rauschgoldengel in vollem Prunk auf. Auf manchen Fotos faltet Keeser die Hände wie zum Gebet. Was ist das

Verteiler s. Blatt 3

Tag: 2.12.

Eröffnungsfeier des Christkindlesmarktes 1 9 6 6

- Minutenprogramm -

15.00 Uhr :	Absperrung der Budenreihen wie bei PP III bereits bekannt Absperrung vor dem Portal der Frauenkirche des für die Mitwirkenden und geladenen Gäste benötigten Raumes (250 Kinder der Singschule u. etwa 1400 Gäste) sowie zusätzliche kleine Seilabsperrung um das Podium des Kinderchores	Pol.-Revier 5
16.00 Uhr:	Meldung der beiden Rauschgoldengel bei der Bildstelle des Hochbauamtes, Lorenzer Str. 26/30, Untergeschoß	H II
	Das Ankleiden und Fertigmachen (Frisieren, Schminken usw.) erfolgt durch	H II
	Die Engelskleidung befindet sich bereits im Bauhof	
	H II (Arch. Morgenroth) sorgt für Wagen u. Verschaffung der Kleider vom Hochbauamt zum Hauptmarkt, bringt auch das Ankleidepersonal sowie die beiden Kinder dorthin. Eintreffen an der Frauenkirche spätestens um 16.45 Uhr.	
16.00 Uhr :	Stehen die Kartenkontrollen ; 4 Mann am Durchgang südlich der Frauenkirche	HVA
16.30 Uhr :	Einfinden der Posaunenbläser zum Umkleiden in der Sakristei der Frauenkirche (Kostüme sind bis 16.00 Uhr dort)	CVJM
	Auto des Vollzugsamtes u. Begleiter bleiben bis zum Schluß der Veranstaltung dort; Übernahme und Rücktransport der Kostüme; Bewachung des Kleiderraumes	HVA
16.30 Uhr :	Abholung des Christkindes am Bühnenausgang d. Schauspielhauses Richard-Wagner-Platz (Südseite) m. Auto unter Begleitung eines Funkstreifenwagens	RF
	Einkleidung erfolgt bereits i. Schauspielhaus	ThI-Herr Bröger u. ThB
17.15 Uhr :	a) Die im Bereich des Hauptmarktes liegende Straßenbeleuchtung ist von 17.15 Uhr bis zum Schluß der Eröffnungsfeier abzuschalten.	EWAG-Abt. Straßenbeleuchtung
	b) Die um den Hauptmarkt befindlichen Geschäfte, Firmen-u. Wohnungsinhaber sind zu bitten, die Beleuchtung in ihren Räumen ab 17.30 Uhr auszuschalten	ML
	c) Die Beleuchtung in den Räumen d. Rathauses am Hauptmarkt (Süd-u. Ostseite) ist ebenfalls auszuschalten	HVA

Podium f. Chorleiter 1 bis 2 m zurück-stellen

c) Funker mit Sprechgerät hält sich an der Lorenzkirche auf, um das Läuten der Glocken in St. Lorenz zu veranlassen. Weisung ergeht durch H III -Herrn van Kaick-	H III
d) Nach der 3. Strophe Christbäume und Scheinwerfer ausschalten Budenbeleuchtung u. Pfahllaternen einschalten	EWAG

Einblick in die Vorbereitungen: Minutenplan für die Eröffnungszeremonie 1966

Blick auf das Christkind bei einer Eröffnungszeremonie

für eine Figur? Hat sich die Schauspielerin diese Haltung ausgedacht? Oder gab es eine kleine Regieanweisung vom Theaterdramaturgen?

Die Struktur der Eröffnungszeremonie von 1948 besteht im Kern bis heute. Die Veranstaltung ist ein Gemeinschaftswerk vieler Menschen aus der gesamten Stadtverwaltung. Seit vielen Jahren kennen alle Beteiligten aus der Abteilung für Veranstaltungen und Ehrungen im Bürgermeisteramt über Markt-, Presse- und Hochbauamt bis hin zum Staatstheater, externe Dienstleister und viele Ehrenamtliche ihre Aufgaben. Die Polizei hilft bei Absperrungen. Es braucht Transportdienste, Leute, die sich um die Beschallung kümmern, und Funker, die am Ende der Zeremonie das Signal an St. Sebald und St. Lorenz geben, kräftig die Glocken läuten zu lassen. Nach einem exakten Minutenplan läuft ab 15 Uhr der Countdown bis zum Beginn der Eröffnung um 17.30 Uhr. Wann erlöschen am gesamten Markt alle Lichter, wann treten Christkind, Rauschgoldengel und Fanfarenbläser auf die Empore, wann fällt der Vorhang, hinter dem das Christkind steht, und wann erstrahlt die Hauptfigur erstmals im gleißenden Scheinwerferlicht? All das ist penibel festgelegt und sorgt bei den rund 20000 Menschen, die dieses Ritual dicht

▵ Die Eröffnungszeremonie des Christkindlesmarkts ist seit Jahrzehnten unverändert. Nur die Protagonistinnen, ihre Gewänder und Haltungen variieren. Und natürlich die Art ihres Vortrags: Irene Brunner 1965 (links oben); Katrin Urschel 1997 (links unten); Gabriele Bergmann 1969 (rechts oben); Stephanie Jank, 1999 (rechts Mitte); Benigna Munsi, 2019 (rechts unten)

▹ Das glückliche Christkind Benigna Munsi auf der Empore nach der Eröffnung 2019

Der Markt liegt im Dunkeln, angestrahlt ist nur die Empore – die Eröffnung 2008.

gedrängt zwischen den Buden verfolgen, immer wieder aufs Neue für eine erwartungsfrohe Spannung.

Alles ist eingespielt und seit Jahrzehnten nahezu unverändert. Diese Beständigkeit prägt die Eröffnung des Nürnberger Christkindlesmarkts. So leitete auch 2019 der Posaunenchor des CVJM – gewandet in Heroldskostüme mit Wappenumhang – auf den Glockenschlag der Frauenkirche um 17.30 Uhr mit kräftigen Fanfaren die Feier ein. Begleitet vom Posaunenchor sangen jungerChor Nürnberg und Chorklassen der Musikschule Nürnberg das Lied »O Heiland, reiß die Himmel auf« unter der Leitung von Matthias Stubenvoll von der städtischen Musikschule, ehe der ehemalige Rundfunksprecher und Journalist Rainer Kretschmann einen inzwischen »Vorspruch« genannten Text, einen Auszug aus Jesaja 9, 1-5, rezitierte:

»Das Volk, das im Finstern wandert, sieht ein großes Licht und über denen, die im Land des Schattens wohnen, strahlt ein Glanz auf.

Du lässt den Jubel aufklingen, du schenkst große Freude, denn ein Kind ist uns geboren, ein Sohn ist uns gegeben und die Herrschaft liegt auf seiner Schulter.

Und er wird genannt: Ein Wunder der Weisheit, ein Mächtiger wie Gott, ein Vater, der ewig bleibt. Ein Fürst, der Frieden schafft.«

Um die Anspannung noch ein wenig zu steigern, sangen die Kinderchöre das Lied »Stille Nacht, Heilige Nacht«, begleitet von der Orgel in der Frauenkirche.

Erst jetzt folgte der Prolog des Christkinds. Blitzlichter aus unzähligen (Handy-)Kameras illuminierten die gebannte Stille. Zum Abschluss sangen Chöre und Publikum »O du fröhliche, o du selige«, ehe Orgelmusik aus der Frauenkirche und das Glockengeläut das Ende der Zeremonie signalisierten. Inzwischen wurde der Vorhang vor dem Christkind wieder hochgezogen, in den Buden auf dem Markt erstrahlten die Lichter.

Diese traditionelle Inszenierung hat längst einen hohen Wiedererkennungswert. Sie kann ein Stück Heimat bedeuten. Ist man als Nürnbergerin oder Nürnberger vor Ort dabei, wenn der Christbaumschmuck in den Buden glitzert, wenn es nach gebrannten Mandeln und Bratwürsten duftet, weiß man: Hier bin ich zu Hause.

Alle Elemente der Zeremonie bereiten auf den Höhepunkt vor: den Prolog. Dann ist es ganz still am Markt. Und wenn das Christkind seine Arme flügelgleich ausbreitet und seinen Schlusssatz spricht, »und wer da kommt, der soll willkommen sein«, brandet heftiger Applaus auf, die Menschen jubeln. Ein Zauber liegt über dem Platz. Es ist der stimmungsvolle Auftakt für eine besondere Zeit. Nun beginnt die Vorfreude auf Weihnachten. ★

Tanja Zimmer-mann 1985/86

Tanja Zimmermann ist seit zwei Jahrzehnten mit Leidenschaft Grundschullehrerin. »Ich liebe meinen Beruf«, sagt sie mit voller Überzeugung. Der Umgang mit Kindern habe ihr schon immer gelegen. Ob sie sich deshalb für das Amt des Christkinds beworben habe? Das kann sie im Rückblick nicht mehr sagen. Aber das Amt habe sie auf jeden Fall »ein ganzes Stück weitergebracht«. Auch was den Umgang mit den ganz Kleinen anbelangt.

Dabei entwickelt Tanja gar kein starkes Eigeninteresse in Sachen Christkind, obwohl sie immer sehr gerne den Christkindlesmarkt besucht. Die Mutter bringt sie auf die Idee: »Das passt doch zu dir.« Sie wird gewählt, und in einer Zeitung steht nach der Kür: »Durch ihre Natürlichkeit hat sie die Jury vollkommen überzeugt.« Was für ein Erfolg für eine Jugendliche von 16 Jahren. Und dann bereits einer der nächsten Höhepunkte, bevor die Amtszeit überhaupt beginnt: die Sprechschulung mit dem Nürnberger Schauspieler Michael Abendroth. »Der Unterricht war so toll, einfach gigantisch. Ich war unheimlich gut vorbereitet«, erinnert sich Tanja. Und ein bisschen verliebt sie sich auch in den Schauspieler. Soll es ja auch bei Christkindern geben.

Tanja ist überrascht, was ihr so alles widerfährt. Sie eröffnet den Weihnachtsmarkt in Düsseldorf – und bekommt als kleines Geschenk eine Streichholzschachtel, die ihren Vornamen Tanja trägt. Ein Besuch im Nürnberger Frauengefängnis beeindruckt sie nachhaltig. Es beschäftigt die christlich geprägte Jugendliche, dass sie es nun ist, die den Menschen Geschenke bringt. Dass einmal ein späteres Christkind (Katrin Urschel) auf ihrem Schoß sitzt, ist eine kleine Pointe ihrer Amtszeit.

In einem Interview für eine Kinderzeitung wird sie »Lichtbringer« genannt. Das ist eine Bezeichnung, die sie sehr treffend findet. Dem Christkindlesmarkt bleibt sie verbunden. 2020 – als der Christkindlesmarkt wegen der Corona-Pandemie erstmals seit 1948 nicht stattfinden kann – geht sie zum Schönen Brunnen und spricht den Prolog. Das Video verschickt sie an ihre Freundinnen und Freunde.

Doris Kormann 1987/88

Die klassische Warum-ich-schon-immer-Christkind-werden-wollte-Erzählung trifft auf Doris Kormann gänzlich zu. Den Christkindlesmarkt besucht sie von Kindesbeinen an sehr gerne. Und häufig gibt es ein Zwetschgenmännle als kleines Erinnerungsstück für zu Hause. Noch als sie klein ist, bekommt sie in der Praxis ihres Kinderarztes am Hauptmarkt mit ihrer Mutter zur Eröffnung des Christkindlesmarkts einen Logenplatz. Gebannt verfolgt Doris die Zeremonie. Und gleich äußert sie: »Mama, das will ich auch mal werden.«

Deshalb steht der Entschluss für eine Bewerbung früh fest. Bei der entscheidenden Sitzung empfindet Doris die Jury als »respekteinflößend«. »Tierisch aufgeregt« ist sie. Als sie dann gewählt ist, kann sie es schier nicht fassen. Am nächsten Tag stehen Pressevertreter vor dem Neuen Gymnasium Nürnberg, wo sie zur Schule geht. Ein erster Eindruck, was es heißt, über Nacht eine öffentliche Person geworden zu sein. »Medien tauchten immer gern unangemeldet auf«, erinnert sich Doris.

Was ihr neues Amt anbelangt, wird sie »ziemlich ins kalte Wasser geworfen«. Im Presseamt ist sie nur zwei Mal, um den Terminkalender zu besprechen. Die weitere Organisation übernimmt ihre Mutter, sie stellt die Tagespläne auf. Bei Vorgängerin Tanja Zimmermann holt sie sich praktische Tipps. Die Eltern geben ein kleines Vermögen für mit Lammfell gefütterte Schuhe und teures Make-up aus.

Die Auswärtstermine bleiben in bester Erinnerung. In Bochum trifft sie hinter der Bühne die Schauspieler des Erfolgsmusicals *Starlight Express*. Sie übernachtet im *Interconti*. »Das war wie ein erster Blick in die Welt der Erwachsenen.« Nach ihrer Christkindzeit führt sie ihr beruflicher Weg über das Studium für das Lehramt an Grundschulen in die Presse- und Öffentlichkeitsarbeit sowie ins Fundraising verschiedener Unternehmen und öffentlicher Institutionen. Die Bewerbung um das Amt des Nürnberger Christkinds war eine der besten Entscheidungen in ihrem Leben: »Es war eine wunderbare Zeit.«

»Das Christkind lädt zu seinem Markte ein«

Der Prolog

Die Vorbereitungen für den ersten Christkindlesmarkt nach dem Zweiten Weltkrieg gingen einigermaßen improvisiert vonstatten. Nach der Entscheidung des Stadtoberhaupts für einen Neustart kam eine Verwendung des Prologs der NS-Zeit nicht infrage. Es brauchte einen neuen Text. Die Stadt beauftragte Friedrich Bröger, Chefdramaturg am Stadttheater, in den Werken seines Vaters, des Arbeiterdichters Karl Bröger (1886–1944), nach geeigneten Versen zu suchen. Am 28. Oktober 1948 berichtete Friedrich Bröger in einem Brief an Nürnbergs Zweiten Bürgermeister Heinrich Landgraf vom Ergebnis seiner Erkundigungen: »Es fand sich (…) leider nichts; was in der Linie des Themas liegt, sind meistens kurze, geschlossene Gedichte, die als Prolog nicht verwendbar sind, von dem man allgemein eine gewisse Breite und heute wohl auch eine gewisse Aktualität verlangt. Ich habe deshalb notgedrungen meinen eigenen Pegasus spornen müssen; das Ergebnis finden Sie beiliegend.«

Allem Anschein nach gab sich Friedrich Bröger, als er in den Texten seines Vaters nicht fündig wurde, selbst den Auftrag, einen Prolog zu dichten. Den Hinweis auf die »gewisse Aktualität« nahm er dabei sehr ernst. In den nächsten Jahren formulierte er immer wieder neue Versionen, in denen er vor allem auf die Veränderungen im Stadtbild Bezug nahm. Für dieses Buch konnten elf verschiedene Varianten des Christkind-Prologs recherchiert werden. Friedrich Bröger (1912–1973) »schied 1967 aus dem Nürnberger Theater aus und dies mag auch der Grund sein, warum es seitdem keinen neuerlichen Prolog mehr gibt«, schreibt Stephanie Jank. Jedenfalls blieb der Text – früher auch »Vorspruch« oder »Weihnachtsprolog« genannt – seit 1969 unverändert, zumindest wenn man von minimalen orthografischen Korrekturen absieht.

Dies ist der Text des »Ur-Prologs« von 1948:

»Ihr Herrn und Fraun, die ihr einst Kinder wart,
Ihr Kleinen, am Beginn der Lebensfahrt,
Wer sich hier freut und wer sich redlich plagt,
Hört alle zu, was euch das Christkind sagt:

Ihr Grossen wisst's, es ist ein alter Brauch,
Ihr Kleinen seht's und bald da wisst ihr's auch:
In jedem Jahr, drei Wochen vor der Zeit,
Da man den Christbaum schmückt und sich aufs Feiern freut,
Ersteht an diesem Platz, der Ahn hats schon gekannt,
Was ihr hier seht, Christkindlesmarkt genannt.

Es ist die alte Stadt Nürnberg nicht mehr,
Die ich heut seh, da ich nun wiederkehr
Nach Krieg und Brand und nach viel schwerer Zeit.
Wo ist der Glockenchor und sein Geläut,
Sankt Sebald und die ganze Schar
Von Türmen, die ihm Heimat war?
Wie ist der schöne Platz, darauf mein Markt einst stand,
Zerrissen und zerstört, verschüttet und verbrannt!
Und wo einst traulich Licht aus alten Fenstern fiel
Zur Weihnachtszeit auf Buden und Gewühl.
Da ist nichts mehr als Schutt und als Erinnerung. –
Doch, was so alt ist, das bleibt auch ewig jung.
Hoffnung und Zukunft und ewiges Sein
Eurer Stadt, an euch liegts allein!
Baut ihr auch heut nur aus Holz, Tuch und Tand
Den Christkindlesmarkt, wie er einstmals stand,
So strebt euch, lasst nur den Zeiten Lauf
Auch wieder ein neues Nürnberg herauf.
Und glaubt ihr es nicht und scheint es euch weit,
So denkt zurück an die Kinderzeit,
Ob das Christkind, wenn es Euch was versprach
Durch Vater und Mutter, sein Wort jemals brach.

Weihnachten rührt wieder herzlich euch an,
Ob klein ob gross. Selbst der alte Mann,
Der viel schon vergass, er spürt in der Luft
Vom Christbaum den Hauch, den Lebkuchenduft
Und Klang von Rauschgoldflügeln, wie er ihn einst gehört
Nun fragt nicht mehr lang: Ist's die Sache auch wert,
Zu feiern und zu schenken, da arm alle sind,
Der Mann und die Frau und Vater und Kind;
Und ist es auch wahr, so seht und bedenkt,
Wer alles schon hat, der braucht nichts geschenkt.
Die Kinder der Welt und die armen Leut,
Die wissen allein, was Schenken bedeut't.
Nun freut Euch und geht und seht alles an
Vom Rauschgoldengel bis zum Zwetschgenmann,
Schon leuchten die Buden, wie einst, weit und breit,
Schmuck, Kugeln und selige Weihnachtszeit.
Nun wünscht, was ihr wollt, doch wünscht nicht zuviel,
Kein Weihnachtsfest war je für jeden Wunsch Ziel.

Ihr Herrn und Fraun, die ihr einst Kinder wart,
Seid es heut wieder! Freut euch in ihrer Art!
Das Christkind lädt zu seinem Markte ein
Und wer da kommt, der soll willkommen sein!«

Dreieinhalb Minuten dauerte der erste Prolog, wie Bröger selbst gestoppt hatte. Dreieinhalb Minuten voller Schmerz, Sehnsucht, Hoffnung, tröstendem Weihnachtsgefühl. Was muss in den Menschen vorgegangen sein, die diese Worte zur Eröffnung des ersten Christkindlesmarkts in Friedenszeiten, umgeben von Ruinen, gehört haben?

1953 schrieb Bröger Zeilen, die die Jahrzehnte weiter überdauern sollten. Anfang und Schluss seines Textes blieben unverändert. Aber im Mittelteil schuf der Autor immer wieder neue Varianten. So wurde auch die Dauer des Marktes ein Thema:

»(...) So lauscht und hört, was euch das Christkind spricht.

Vor jedem Weihnachtsfest, drei Wochen vor der Zeit
steht jedes Jahr sein Markt für euch bereit.
Es ist ein alter Brauch. Der Ahn kannt ihn als Kind
und sein Ahn auch und war ihm wohlgesinnt.
Dies Städtlein auf dem Platz, aus Holz und Tuch gemacht,
so flüchtig, wie es scheint, in seiner kurzen Pracht
ist doch von Ewigkeit. Mein Markt bleibt immer jung,
solang es Nürnberg gibt und die Erinnerung,
solange Kinder selig durch die Budenreihen gehn,
solang die Weihnachtssterne über diesem Platz hier stehn.

Und dieser Platz, er hat schon viel gesehn.
Er sah Geschlechter wachsen und in das Dunkel gehn,
da waren Geschäft und Arbeit, doch Freud und Glocken auch
und dann der Sturm des Kriegs, doch auch des Friedens Hauch;
er sah die Mauern stürzen in Feuer und Schrecklichkeit,
er sieht sie wieder wachsen in eine neue Zeit.
Doch was er immer trug an Schicksal, Last, Gewinn,
er trug auch meinen Markt durch alle Zeiten hin.«

1956 hat sich im Umfeld des Christkindlesmarkts einiges getan. Bröger griff die Veränderungen in diesen Zeilen auf:

»Sankt Sebalds Doppelturm, so lang der Spitzen bar,
streckt sich aufs Neu zur Höhe, so edel, wie er war.
Ein neuer Rathausbau steht auf dem alten Grund
und tut von frischem Wagen auf meinem Platze kund.«

1960 dann:

»Und dieser Platz war stets das Herz der Stadt,
Jahrhunderte bauten ihn. Doch e i n Tag hat
ihn ausgelöscht, für immer, wie es schien.
Doch schien so manches ewig und hatt' doch keinen Sinn.
Was mit dem Leben wächst, dem ist kein Tod bereit,
So wächst der Platz nun wieder in eine neue Zeit.
Und Nürnbergs Herz und Hort, der edlen Kirchen Bau,
Sankt Sebald, Sankt Lorenz und Unsre Liebe Frau,
sie stehn wie eh und je. Es braust ihr Glockenchor;
ehrwürdig hebt sich auch das Rathaus neu empor.
In jeder Strasse wächsts und blühts auf aus dem alten Grund
und tut von frischem Wagen auf diesem Platze kund.
Doch über alle Zeiten, da waren wir uns treu,
der Markt und ich und alle Jahre neu.«

Der Schauplatz war dem Dichter wichtig. Der Hauptmarkt ist schließlich das Herz der Stadt und steht stellvertretend für ganz Nürnberg. 1965 variierte Bröger eine Strophe:

»Und dieser alte Platz, ein neuer ist's zugleich,
Wie aus dem alten Stamm aufwächst ein junger Zweig,
Erinnerung ist schön, was alt und edel war,
Steht, wo es immer stand: der edlen Türme Schar
Und ihr Geläut; manch altes Haus darin
Vergangne Zeit gerann, ihr Leben und ihr Sinn.
Doch wenn das Häuserrund sich um Euch jetzt neu reiht,
So wird der Platz zum Denkmal und Zeichen dieser Zeit.
Was sie an eigner Form erdacht hat und erbaut:
Hier steht's mit Altem sacht vereint und kündet laut:
Solang der Platz auch steht, er ist nicht starr und alt;
Blieb auch sein Wesen gleich, er wechselt die Gestalt.«

Mit all diesen Texten wurde das Christkind zur Kommentatorin der Stadtentwicklung und fast zur mahnenden Instanz. Die Stadt wuchs weiter – wirtschaftlich und auch in die Höhe. Im Stadtteil Langwasser entstand eine neue »Trabantenstadt«, was 1966 erstmals zu einer neuen Passage führte, die Friedrich Bröger dem Christkind Irene Brunner in einem kurzen Schreiben am 24. Oktober 1966 ankündigte: »Der erste und der letzte Teil werden gleich bleiben, aber der Mittelteil wird sowohl gekürzt, wie verändert werden.« Das war das Ergebnis:

»Denn alt und jung zugleich ist Nürnbergs Angesicht,
das viele Züge trägt. Ihr zählt sie a l l e nicht!
Da ist der edle Platz. Doch ihm sind zugesellt
Hochhäuser dieses Tags, Fabriken dieser Welt,
Die neue Stadt im Grün. Und doch bleibts allezeit,
Ihr Herrn und Fraun: das Nürnberg, das Ihr seid.«

Diese Fassung hat schließlich mit ganz kleinen Korrekturen bis heute Bestand. So wurden mit der Festsetzung der Stadt im Jahr 1973, dass der Christkindlesmarkt immer am Freitag vor dem 1. Advent beginnen soll, aus »drei Wochen« eben »vier Wochen«, auch wenn dies kalendarisch nicht immer ganz korrekt ist. Die letzte und bis heute gesprochene Version lautet:

»Ihr Herrn und Frau'n, die Ihr einst Kinder wart,
Ihr Kleinen, am Beginn der Lebensfahrt,
ein jeder, der sich heute freut und morgen wieder plagt:
Hört alle zu, was Euch das Christkind sagt!

In jedem Jahr, vier Wochen vor der Zeit,
da man den Christbaum schmückt und sich aufs Feiern freut,
ersteht auf diesem Platz, der Ahn hat's schon gekannt,
was Ihr hier seht, Christkindlesmarkt genannt.

Dies Städtlein in der Stadt, aus Holz und Tuch gemacht,
so flüchtig, wie es scheint, in seiner kurzen Pracht,
ist doch von Ewigkeit. Mein Markt bleibt immer jung,
solang' es Nürnberg gibt und die Erinnerung.

Denn alt und jung zugleich ist Nürnbergs Angesicht,
das viele Züge trägt. Ihr zählt sie alle nicht!
Da ist der edle Platz. Doch ihm sind zugesellt
Hochhäuser dieses Tags, Fabriken dieser Welt.

Die neue Stadt im Grün. Und doch bleibt's allezeit,
Ihr Herrn und Frau'n: das Nürnberg, das Ihr seid.
Am Saum des Jahres steht nun bald der Tag,
an dem man selbst sich wünschen und andern schenken mag.

Doch leuchtet der Markt im Licht weit und breit,
Schmuck, Kugeln und selige Weihnachtszeit,
dann vergesst nicht, Ihr Herrn und Frau'n, und bedenkt,
wer alles schon hat, der braucht nichts geschenkt.

Die Kinder der Welt und die armen Leut',
die wissen am besten, was Schenken bedeut'.
Ihr Herrn und Frau'n, die Ihr einst Kinder wart,
seid es heut' wieder, freut Euch in ihrer Art.
Das Christkind lädt zu seinem Markte ein,
und wer da kommt, der soll willkommen sein.«

Der Prolog klingt nicht erst im 21. Jahrhundert altmodisch. Die Sprache, der Inhalt, die Botschaft – alles ist schlicht, aber leicht verständlich. Friedrich Bröger nutzte die Technik des »Vers commun«, wie der Erlanger Literaturwissenschaftler Dirk Niefanger einmal in der *Nürnberger Zeitung* erklärte, paargereimte Verse mit meist fünf Hebungen. Mit dieser konservativen Form habe Bröger Volkstümlichkeit erzeugt, wie auch mit den ausgelassenen oder abgekürzten Silben. Man merkt dem Text an, dass er im Kern aus einer ganz anderen Zeit stammt. Doch längst ist er in den Status eines Klassikers gerückt. Die Worte sind unmittelbar mit dem Nürnberger Christkind verbunden. Es sind »seine« Strophen. Der Text ist ein Stück Markenzeichen. Deshalb wünschen sich nahezu alle Veranstalter von anderen Weihnachtsmärkten, die das Nürnberger Christkind zu einem Auftritt einladen, dass es auch den Nürnberger Prolog vorträgt. Von Jahr zu Jahr gewinnt Brögers Prolog an Gewicht. Was als bescheidener Wurf 1948 im zerstörten Nürnberg begann, entfaltet mehr als sieben Jahrzehnte später eine immer stärkere Wirkung.

Friedrich Bröger Dichter des Prologs

Wer mit dem Zug von Westen in den Nürnberger Hauptbahnhof einfährt, sieht kurz vor dem Halt zur Rechten das Karl-Bröger-Haus. Das denkmalgeschützte, im Stil der Neuen Sachlichkeit errichtete Gebäude war ursprünglich Sitz der sozialdemokratischen *Fränkischen Tagespost*, nach dem Zweiten Weltkrieg wurde es die Zentrale der Nürnberger SPD. Seit 1997 ist es nach dem Arbeiterdichter Karl Bröger (1886–1944) benannt. Karl Bröger war Sozialdemokrat, kam 1933 in den Stadtrat, ehe er noch im selben Jahr von den Nationalsozialisten für einige Monate im KZ Dachau interniert wurde.

In dieses sozialdemokratische Milieu wurde Christian Friedrich als Sohn von Karl Bröger und seiner Frau Anna am 16. Juni 1912 hineingeboren. Friedrich, so sein Rufname, besuchte die Volksschule, von 1922 bis zum Abitur 1931 die Alte Oberrealschule (heute: Hans-Sachs-Gymnasium) in Nürnberg. Danach studierte er bis 1933 an der Hochschule für Wirtschafts- und Sozialwissenschaften, blieb aber ohne Abschluss. Gleichzeitig war er Redaktionsvolontär bei der *Fränkischen Tagespost*. Zwischen 1934 und 1940 hatte er keine feste Anstellung. Er war »freier Schriftsteller«. Ab 1940 war er im Kriegsdienst, bis er am 1. November 1944 im Rang eines Leutnants der Reserve in Kriegsgefangenschaft geriet. Am 22. Januar 1947 wurde er entlassen. Mit Beginn des Jahres 1948 erhielt er ein Engagement als Chefdramaturg am Stadttheater Nürnberg-Fürth.

In diese Zeit fiel die Dichtung des Prologs. Er schickte seine Verse dem Bürgermeister und schloss sein Schreiben mit den Worten »In der Hoffnung der Sache gedient zu haben und mit besten Grüssen!«

Mit seinem Prolog hat er sich immer wieder intensiv beschäftigt, ihn mehrmals angepasst und aktualisiert.

Über Friedrich Bröger ist wenig bekannt. Es sind keine Fotografien von ihm aus den 1950er- oder 1960er-Jahren überliefert. Der ledige Mann scheint ein Leben im Hintergrund geführt zu haben. Das Christkind Irene Brunner (von 1961 bis 1968) beschreibt ihn als »ruhig, höflich, freundlich«. Immer wieder trifft man sich in der Theaterkantine. Eitelkeit sei ihm fremd gewesen. 1967 erlebten die Städtischen Bühnen eine »Theaterkrise«, wie die Zeitungen

Die Aufnahme zeigt Friedrich Bröger im Alter von 20 Jahren. Es handelt sich um ein Passbild für einen 1932 ausgestellten Ausweis.

schrieben. Oberbürgermeister Andreas Urschlechter musste eingreifen. An der Spitze des Hauses kam es zu personellen Veränderungen. Auch Friedrich Bröger war involviert. Er trat von seinem Posten ab und bat um eine andere Verwendung innerhalb der Stadtverwaltung. Laut Generalintendant Karl Pschigode war Bröger seinen Aufgaben »wegen eines Leidens aus der Gefangenschaft nicht mehr gewachsen«, so die *Nürnberger Nachrichten* am 12. Mai 1967. Friedrich Bröger wechselte in die »Abteilung Institut für Fränkische Literatur, Nürnberger Theatergeschichte und Musikgeschichte« der Stadtbibliothek.

In den folgenden Jahren war er häufig krank, er absolvierte eine Kur. Ein Amtsarzt attestierte 1972, dass er »nicht mehr dienstfähig werden« wird. Bröger beantragte Erwerbsunfähigkeitsrente. Der Bescheid ließ Monate auf sich warten. Anfang des Jahres 1973 wendete er sich hilfesuchend an Oberbürgermeister Urschlechter und ließ ihn wissen: »Langsam aber sicher habe ich kein Geld mehr.« Zu dem Zeitpunkt lebte er bereits in einem Altenheim. Schließlich traf der ersehnte Rentenbescheid ein. Noch im selben Jahr, am 28. Juni 1973, starb Friedrich Bröger im Alter von 61 Jahren. Nichts erinnert in Nürnberg an ihn. Seiner Heimatstadt und dem Christkindlesmarkt hat er mit seinem Prolog sehr »gedient«. Seine Worte hallen bis heute in Nürnberg und aller Welt nach.

Sandra Nieder-berger 1989/90

Ihre »sympathische Lebendigkeit und kesse lockere Art« überzeugen das Auswahlgremium. Auf die Frage, was sie sagen würde, wenn Kinder mit dem Christkind wegfliegen wollen, antwortet sie: »Ich flieg' nachts, wenn du schlafen musst.« Während der Jurysitzung warten Mutter und Schwester in einem nahe gelegenen Café. Als Vorgängerin Doris Kormann ihr nach der Kür einen Blumenstrauß überreicht, denkt Sandra Niederberger sofort an ihre Lieben: »Die fall'n doch jetzt um, wenn ich zu ihnen komme«, vermutet die 18-jährige Gymnasiastin.

Sandra ist das 13. Christkind in Nürnbergs Nachkriegsgeschichte. Die Zahl stört die Protagonistin nicht. Geprägt ist ihre Amtszeit auch dadurch, dass sie das erste Christkind nach dem Fall der Mauer ist. Das hat Konsequenzen für ihren Terminplan. Nürnberg ist gerade zur Weihnachtszeit 1989 voll mit Trabis aus der DDR. In Massen strömen die Besucherinnen und Besucher aus Ostdeutschland auf den Christkindlesmarkt. Das inspiriert Anton-Wolfgang Graf von Faber-Castell. Er organisiert mit anderen fränkischen Unternehmern zwei Tage vor Heiligabend in Nürnbergs thüringischer Partnerstadt Gera eine öffentliche Kinderbescherung mit Schreibgeräten, Spielsachen aller Art und Wurstspezialitäten. Als Gabenbringerin vor dem Rathaus ganz vorne dabei ist Sandra. Sie ruft in die Menge: »Ihr Kinder! Ich komm' aus Nürnberg zu Euch her. Nach Gera woll'n die Hand wir reichen, so seht die Sachen nur als Zeichen für uns're Städtefreundschaft an, die einst bescheiden nur begann.« Begleitet wird Sandra von Erika Silbe. Die 58-jährige Sachbearbeiterin im VEB Margarinewerk Gera schlüpft in die Rolle der Christkind-Betreuerin, als hätte sie diese Aufgabe schon immer wahrgenommen. Sie hilft beim Umziehen im Amtszimmer des Oberbürgermeisters und weicht der Nürnbergerin nicht von der Seite.

Sandra absolviert in jedem ihrer beiden Amtsjahre über 50 Termine, darunter eine Reihe von Fernsehauftritten. Bei der Weihnachtssendung *Alle Jahre wieder* des Bayerischen Rundfunks trifft sie unter anderem auf die Welt-Tenöre José Carreras und Peter Hofmann.

Andrea Bieg

1991/92

Gleich bei der Premiere passiert es. Wie vor und nach ihr keinem anderen Christkind. Andrea Biegs Eröffnungsprolog ist einen Vers länger als der offizielle. Als die Worte »Am Saum des Jahres steht nun bald ...« an der Reihe sind, wiederholt sie noch einmal die zuvor schon gesprochenen Zeilen »In jedem Jahr, vier Wochen vor der Zeit ...« Andrea lässt sich nicht beirren und findet wieder in den Text zurück, ohne dass es auffällt. »Wer vor 20000 Menschen einen Fehler macht, den wirft so schnell nichts mehr aus der Bahn«, sagt sie mit einem Lächeln im Gesicht.

Die Besuche in Altenheimen berühren Andrea besonders, sie erfüllen sie aber auch am meisten. Wenn sie bei der Begrüßung zu den betagten Menschen sagt, »Wenn Sie nicht mehr zum Christkindlesmarkt kommen können, dann kommt eben das Christkind zu Ihnen«, ist der Bann ganz schnell gebrochen. Doch das Christkindsein ist nicht nur schön. Die fortwährende Pressebeobachtung, die Kamerateams und die Daueraufmerksamkeit stören sie immer wieder.

Mit ihrer altsprachlichen Bildung durch den Schulbesuch des Melanchthon-Gymnasiums verschafft sich Andrea indes beim Besuch eines Weihnachtsmarkts Respekt. Beim obligatorischen Essensempfang wird die Jugendliche nach ihrem Auftritt von den Erwachsenen fast nicht mehr beachtet. Als sich die (ausschließlich älteren) Herren in hochgeistigen Wortwechseln ergehen, mischt sich Andrea ein und rezitiert auf Altgriechisch Passagen aus Homers *Odyssee*. Von da an ist ihr die volle Aufmerksamkeit gewiss. »Man bekommt Selbstbewusstsein als Nürnberger Christkind«, berichtet Andrea 30 Jahre später.

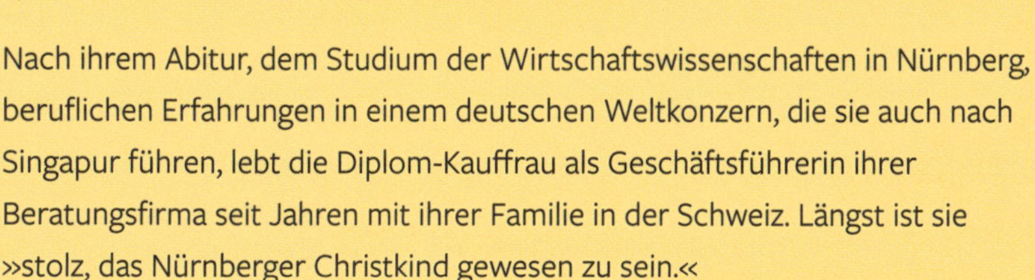

Nach ihrem Abitur, dem Studium der Wirtschaftswissenschaften in Nürnberg, beruflichen Erfahrungen in einem deutschen Weltkonzern, die sie auch nach Singapur führen, lebt die Diplom-Kauffrau als Geschäftsführerin ihrer Beratungsfirma seit Jahren mit ihrer Familie in der Schweiz. Längst ist sie »stolz, das Nürnberger Christkind gewesen zu sein.«

Das Christkind kommt selten allein

Die Helfer

Normalerweise verbringt das Christkind die meiste Zeit des Jahres oben im Himmel. Nur in der Weihnachtszeit lässt es sich auf Erden blicken, um den großen und kleinen Kindern Freude zu bereiten und Geschenke zu bringen. In der Adventszeit hat das Christkind unendlich viel zu tun. Alleine wäre das nicht zu schaffen. Zum Glück verfügt die himmlische Gestalt über ein Heer von verlässlichen Helferinnen und Helfern, die sie nach Kräften unterstützen.

Das gesamte haupt- und ehrenamtliche Christkind-Unterstützungsteam mit seinen verschiedenen Rollen musste sich erst finden und entwickeln. In den ersten Jahren nach 1969 übernahmen meist die Mütter das Management, führten beispielsweise Telefongespräche mit Firmen und Vereinen, die das Christkind einladen wollten. Mütter, Väter und Brüder chauffierten oft im Familienauto das Christkind zu seinen Auftritten. Es nutzte aber auch die Straßenbahn oder manchmal ein Taxi. Mag die stillschweigende Beanspruchung der Eltern für praktische Hilfsdienste allmählich geschwunden sein, so ist die Notwendigkeit seelischen und moralischen Beistands eher gewachsen. Alle Christkinder konnten sich auf ihr Zuhause verlassen. Wenn ein langer Tag zu Ende geht, ist es wichtig, dass man die vielen Erlebnisse mit der Familie teilen kann, auch um die freudigen und berührenden Momente besser verarbeiten zu können. So sind die Eltern und Geschwister für jedes Christkind unverzichtbare Helferinnen und Helfer.

Die Schaltzentrale für alle christkindlichen Aktivitäten aber sitzt seit mehr als 50 Jahren im Presse- und Informationsamt der Stadt Nürnberg. Viele Jahre nahm sich der stellvertretende Amtsleiter Kurt Prölß der Mädchen an, vor allem bei Auswärtsverpflichtungen. Im Innendienst kümmerte sich die Sekretärin Luitgard Rottmann um die Bearbeitung der verschiedenen Anfragen, sie selbst war nie bei einem Termin dabei.

Im Jahr 1983 wechselte die 33-jährige Verwaltungsangestellte Edith Kerndler in das Presseamt als Nachfolgerin von Luitgard Rottmann. Eine ihrer Aufgaben war es nun auch, sich organisatorisch um das Christkind zu kümmern. Bei auswärtigen Terminen war weiterhin Kurt Prölß mit dem Christkind unterwegs, er übertrug der jungen Kollegin aber bald immer mehr Termine. Nach seiner Pensionierung 1990 blieb Edith Kerndler allein verantwortlich für alles, was mit dem Christkind zu tun hatte.

Ihr folgte 2013 Susanne Randel nach, die seither die Fäden in der Hand hat. Als langjährige Bürokollegin von Edith Kerndler kennt sie das »Christkindgeschäft« schon lange. Die beiden organisierten eine reibungslose Übergabe, denn die Betreuung des Christkinds lässt sich in keinem Handbuch der Verwaltung nachlesen. Auch Susanne Randel hat seither ihren persönlichen Stil entwickelt. Anfragen werden nur noch online entgegengenommen, was vieles erleichtert. Dabei haben inzwischen der Termindruck und die Anforderungen der Öffentlichkeit zugenommen. Die Betreuerin muss verstärkt mit »ihren« Christkindern auch die Social-Media-Welt im Blick haben. »Die Mädchen brauchen viel mehr Unterstützung als früher. Das liegt auch an den vielen Terminen«, berichtet sie. Ansonsten sollen sich die Christkinder unter ihrer Anleitung »wohlfühlen und weitestgehend so agieren können, wie sie es wollen. Jedes Mädchen soll sich in der Aufgabe so entfalten, wie es ist.« Für Susanne Randel ist ein gutes Verhältnis zu jedem Mädchen und seiner Familie wichtig.

Mit der zunehmenden Anzahl der Termine stellte sich die Frage, wie das noch zu bewältigen sein sollte. Bei der Verkehrs-Aktiengesellschaft (VAG) Nürnberg, dem kommunalen Verkehrsunternehmen, kam Betriebsleiter Anton Stadler auf eine feine Idee: Er bot einen VAG-Fahrdienst für das Nürnberger Christkind an. Das könnte ja auch dem Image des Verkehrsunternehmens zuträglich sein, dachte er sich. VAG-Vorstand Rainer Müller unterstützte dies. 1997 ging es los, zunächst mit zwei Fahrern im Wechsel. Weil so die Besuche mit dem »Christkindmobil« leichter zu koordinieren waren, nahm die Christkind-Betreuerin Edith Kerndler bald noch mehr Termine an, da die Anfragen immer weiter stiegen. Seit 2003 sind drei Fahrer im Wechsel im Einsatz, denn die »Arbeitstage« enden nicht schon nach acht Stunden. Und das Christkind hat eine Sieben-Tage-Woche. Eine Reihe von erfahrenen Straßenbahn-, U-Bahn- und Busfahrern schlüpft jeweils rund vier Wochen lang in die Rolle des Christkind-Chauffeurs. Alle empfinden es als Auszeichnung, mit dieser besonderen Aufgabe betraut (gewesen) zu sein.

Das Fahrerteam bringt Christkind Barbara Otto sicher von einem Termin zum nächsten.

Die Fahrer haben vielfältige Funktionen. Manche Christkinder sehen in ihnen »Ersatzpapas«. Sie sind die »Rentiere« des Christkinds, »Zeitwächter« und »Verbündete«. Selbstverständlich sind sie auch tolle Fahrer, die die besten und sichersten Wege durch die Stadt und darüber hinaus kennen.

Auch Theatermacher von den Städtischen Bühnen nahmen das Nürnberger Christkind unter ihre Fittiche. Das Nürnberger Christkind ist und bleibt aufgrund seines Schauspielerinnen-Ursprungs auch ein Kind der darstellenden Künste. Schon bei der ersten Wahl 1969 stellte der erfahrene Theatermann Hesso Huber – 1970 zum städtischen Schauspieldirektor gewählt – in der Jury die meisten Fragen. Verschiedenen Schauspielern und Sängern wurde im Lauf der Zeit die Aufgabe übertragen, das Christkind auf den Prolog vorzubereiten. Unter ihnen waren bekannte Lehrmeister wie Michael Abendroth oder Erich Ude. Die meisten Christkinder erlebten Kurt Leo Sourisseaux (1927–2015), Grandseigneur der Nürnberger Operette, als einfühlsamen Sprechtrainer. Zwischen 1997 und 2012 nahm er sich der Mädchen an. Sie waren begeistert und erinnern sich noch dankbar an ihn.

Edith Kerndler Christkind-Betreuerin

Ab 1983 erlebt Edith Kerndler zunächst vier Christkinder aus nächster Nähe, ist bereits manchmal mit ihnen unterwegs und macht erste Erfahrungen. Von 1990 bis zu ihrem Ruhestand 2013 liegt die Verantwortung bei ihr. Sie begleitet in dieser Zeit – ganz real und im übertragenen Sinn – nicht nur elf junge Persönlichkeiten in ihrem Amt als Christkind, sondern trägt auch entscheidend zur Entwicklung der Figur bei. Edith Kerndler ist mit Leidenschaft bei der Sache. Wie für die Christkinder gibt es für sie ebenfalls kein Wochenende, auch weil sie dann oft ihren eigentlichen Verwaltungsgeschäften nachkommen muss, die keinen Aufschub dulden. Sie ist unter anderem Finanzchefin ihrer Dienststelle.

Als Christkind-Managerin organisiert sie alle zwei Jahre die Wahl und steht von Anfang an jedem Christkind in jeder Beziehung bei – wenn es sein muss, Tag und Nacht. In jedem Jahr entwickelt sie ab September den Terminplan. Es gilt, auf viele Wünsche einzugehen. Es gibt unzählige Anfragen, nicht alle können erfüllt werden. Wenn ein Kindergarten einmal nicht besucht werden kann, achtet sie darauf, dass er im nächsten Jahr zum Zuge kommt.

Eine der wichtigsten Phasen sind die ersten Wochen nach der Kür. Dann bedarf es vieler Gespräche, um die Mädchen nicht nur auf den ersten großen Auftritt mit der Markteröffnung, sondern auch auf vieles andere vorzubereiten – auf unterschiedliche Menschen, mit denen es bald zusammentreffen wird, auf die Presse, auf überraschende Situationen. Es geht um die erste Anprobe, Verabredungen im Theater, um Einführung in die Tagesabläufe. Später ist Edith Kerndler bei vielen Besuchen in Kindertagesstätten, Altenheimen oder Krankenhäusern an der Seite des Christkinds, bespricht die Auftritte vorher und nachher, bis sich immer mehr Sicherheit einstellt. Im zweiten Amtsjahr sind die Christkinder in der Regel schon so »erfahren«, dass sie weniger Ratschläge benötigen. Edith Kerndler hält zu allen Helfern Verbindung, trifft Absprachen mit der Familie, den Fahrern und vielen anderen, die das Christkind »haben wollen«.

Für alles braucht es viel Einfühlungsvermögen. Aber es sind auch klare Hinweise nötig, um den jungen Frauen Orientierung zu geben. »Ich habe es immer als meine Aufgabe angesehen, die Mädchen zu motivieren und ihnen das Gefühl zu geben, dass sie nicht alleine sind. Alle Christkinder haben schon von ihrem Elternhaus soziale Kompetenz mitbekommen. Sonst wären sie gar nicht gewählt worden. Die Mädchen sind natürlich auch ganz unterschiedlich. Das eine musste ich eher bremsen, das andere eher anschieben. Zu allen habe ich gesagt: Ihr müsst euren eigenen Stil finden.« Edith Kerndler berät und lenkt, leitet und hilft, ermutigt und beschwichtigt. Manche Medien nennen Edith Kerndler bald »Christkindmutter«. Sie versteht ihre Zusammenarbeit mit den Mädchen als eine partnerschaftliche. Manchmal wird sie auch zu einer Vertrauten. Besonders auf längeren Fahrten und den Auslandsreisen kommt man sich näher.

Auch Edith Kerndler findet ihren eigenen Stil. Da sie nicht zur hohen Diplomatie neigt, weiß ihr Gegenüber – einschließlich der Christkinder – immer, woran es ist. Sie lebt ihre Aufgabe nicht nur in der Dienstzeit. Sie ist ihr eine Herzensangelegenheit, und die Christkinder sind es sowieso. Sie nimmt regen Anteil am Leben »ihrer« Mädchen, auch nach deren jeweiliger Amtszeit.

Über all die Jahre hat sie immer wieder gehört, die Christkindfigur sei nicht mehr zeitgemäß. Doch sie findet: »Die Faszination ist geblieben. Ein Mädchen betritt einen Raum, und er erhellt sich, Senioren lächeln, Kinder schauen erwartungsvoll. Es ist unglaublich, wie ein Mädchen in so einem Gewand solche Regungen auslösen kann.« Sie hat in »so viele strahlende Gesichter« gesehen. Ihre Zeit als Christkind-Betreuerin sei »sehr stressig«, aber auch »sehr schön« gewesen. »Ich habe sehr, sehr viel mitgenommen.« Nach ihrem Ruhestand wird sie in die Jury zur Christkindwahl berufen. Vier Mal nimmt sie an der Kür teil. Dann entscheidet sie: »Nun ist auch das genug.« Den Christkindern bleibt sie für immer verbunden.

Michael Sauerbeck Christkind-Chauffeur

Michael Sauerbeck (Jahrgang 1961) ist der Mann mit der bisher längsten Erfahrung als »Christkind-Chauffeur«. Von 1997 bis 2016 war er dabei.

Herr Sauerbeck, wie sind Sie Fahrer des Nürnberger Christkinds geworden? Haben Sie sich beworben?
Nein, ich wurde ausgewählt. Und seither schlagen auch immer die Christkind-Fahrer, die in den Ruhestand gehen oder wegen anderer Aufgaben im Unternehmen nicht mehr zur Verfügung stehen, ihren Nachfolger vor. Natürlich muss dann auch der jeweilige Chef bei der VAG damit einverstanden sein. Das war aber immer der Fall. Ich war damals in der Abteilung Servicedienste der VAG. Wir mussten für den Fahrdienst Reserven abdecken oder waren im Einsatz, um Fahrausweise zu kontrollieren. Mein Chef Jürgen Bickel hat mich für den Christkind-Einsatz wahrscheinlich deshalb ausgesucht, weil ich als recht fahrgastfreundlich und umgänglich galt.

Was zeichnet einen Christkind-Fahrer aus?
Man muss flexibel sein. Wenn sich ein Termin verschiebt oder nicht zu schaffen ist, muss man sich damit arrangieren. Man muss sich auf jede Situation einstellen können. Und vor allem: mit den Menschen umgehen können. Dazu kommt, dass die Christkinder vom ersten Moment der Begegnung an wissen, dass sie sich auf uns verlassen können. Wir sind die Rückfallebene, wir spenden auch schon mal Trost oder sagen, was zu tun ist. Im Zweifelsfall sind wir auch so etwas wie Bodyguards. Manchmal muss man aufpassen, dass etwa bei der Marktbegehung niemand aus Versehen auf den Saum des Ornats steigt oder dass übermütige Jugendliche eine Locke aus der Perücke abschneiden. Habe ich alles erlebt.

Christkind-Fahrer und Christkind sind Tag für Tag in der »Arbeit« zusammen. Das ist ja eine Zufallsgemeinschaft. Wie kommt man da zurecht?
Da braucht es einfach Menschlichkeit, Herzlichkeit und Lebenserfahrung. Dann gibt es überhaupt kein Problem. Die meisten Fahrer könnten ja Väter oder sogar

Großväter der Christkinder sein. Nach den ersten Tagen wächst man schnell als Team zusammen. Dazu gehört natürlich auch der enge Austausch mit den Christkind-Betreuerinnen im Presseamt.

Im Schnitt ist das Christkind in der Adventszeit rund 3000 Kilometer im »Christkindmobil« unterwegs. Wenn man das Christkind Tag für Tag begleitet, hat man auch so etwas wie eine Fürsorgeaufgabe und eine ganz besondere Vertrauensfunktion.

Das ist richtig. Ich habe selbst eine inzwischen längst erwachsene Tochter. Nach einer Anregung von mir besuchen seit Jahren alle Fahrer nach der neuen Wahl eines Christkinds und vor Beginn der Amtszeit erst mal die Familie des Christkinds. Es ist wichtig, dass die Eltern wissen, wem sie für die nächsten Wochen ihre Tochter täglich anvertrauen. Wir haben ja doch von Anfang an ein sehr persönliches und enges Verhältnis.

Sie waren 20 Jahre Fahrer des Nürnberger Christkinds. Was haben Sie erlebt?

Es war eine wunderschöne Zeit. Für mich war es immer eine Ehre, das Nürnberger Christkind fahren zu dürfen. Das ist eine sehr verantwortungsvolle Tätigkeit. Manchmal war es stressig. Aber die strahlenden Kinderaugen angesichts des Christkinds haben für vieles entschädigt. Ich habe auch eine neue Beziehung zur Vorweihnachtszeit entwickelt. Es geht nicht um Kommerz. Ich habe erfahren, wie man diese Zeit auch wahrnehmen kann. Ich habe erlebt, wie in Altenheimen Menschen in der Dämmerung ihres Lebens sind und sich über das Christkind freuen können. Manche Begegnungen in Pflegeheimen oder Krankenhäusern waren für mich Höhepunkte in meinem Leben.

△ Schauspieler Michael Abendroth studiert mit Christkind Tanja Zimmermann (1985/86) den Prolog ein.

△ Der langjährige Christkind-Sprechtrainer Kurt Leo Sourisseaux hat viele Christkinder begeistert.

△ Das neu gewählte Christkind Katrin Urschel schlüpft erstmals in ihre Robe. Gewandmeister Paul Klein hilft beim Anziehen, 1997.

Thomas L. Dietz war Schauspieler am Nürnberger Staatstheater, als er 2015 die Aufgabe übernahm, das neue Christkind Barbara Otto auf den Prolog vorzubereiten. Als er gefragt wurde, habe er sich »geehrt gefühlt«. Für ihn selbst stelle die Eröffnung des Christkindlesmarkts den »Startpunkt für eine schöne Zeit« dar. 2016 hat sich Dietz als Berater und Coach selbstständig gemacht. Das Christkind begleitet der Wahl-Nürnberger seither weiter – ehrenamtlich. Auch weil es eine »schöne Arbeit« sei. Er möchte das jeweilige Christkind so betreuen, dass es »sein eigenes Bild erfüllt«. Der einzige Anspruch müsse der eigene sein. Deshalb seien unter seiner Anleitung »seine« Christkinder auch so unterschiedlich geworden. Ihm ist wichtig, dass die Christkinder aus der Eröffnung keine Show machen, sondern sie selbst sind.

Was macht für ihn die Figur aus? »Sie strahlt.« In der Vorbereitung versucht er den neuen Christkindern nahezubringen: »Ihr macht den Kindern ein Geschenk. Ihr habt die Fähigkeit, sie zum Staunen zu bringen – eine Fähigkeit, die immer mehr verloren zu gehen scheint.« Es geht ihm um den einen kleinen Moment, den schon Friedrich Schiller in einem Gedicht angesprochen hat: »Aus den Wolken muss es fallen, / aus der Götter Schoß, das Glück, / und der mächtigste von allen / Herrschern ist der Augenblick.« Für Thomas L. Dietz trägt das Christkind ein »ganz stark identitätsstiftendes Element« in sich. Besonders wichtig sei der Auftrag, zu »den Benachteiligten in unserer Gesellschaft zu gehen und auch diese Menschen zum Strahlen zu bringen«. Auch damit würde sich die Stadt mit ihrer »Markenbotschafterin« sehr gut positionieren. Sobald das Christkind kommerziell vermarktet würde, verlöre es seine Authentizität und würde zum Produkt.

Versierte Fachleute des Nürnberger Staatstheaters sind es auch, die für das perfekte Outfit des Nürnberger Christkinds sorgen. Über 20 Jahre war Obergewandmeister Paul Klein Herr über die Roben. Ihm folgte 2001 in dieser verantwortungsvollen Funktion Eva Weber nach. Dabei wirkte sie bereits 1982 an der Verwandlung der jungen Frauen zum Christkind mit, zunächst als Schneiderin in der Kostümabteilung, heute als Kostümdirektorin. Chefmaskenbildnerin Helke Hadlich ist seit mehr als 20 Jahren für Perücke und Make-up zuständig. Und seit Jahren sorgt sich Waffenmeister Peter Hofmann um die Krone.

Auch Mitarbeiter des Servicebetriebs öffentlicher Raum (Sör) übernehmen eine wichtige Rolle, wenn es um das Christkind geht. Sie haben das Podest gebaut, auf dem das Christkind beim Prolog steht, damit die Menschen

◁ Rebecca Ammon und Coach Thomas L. Dietz proben den sichere Auftritt (oben).

Christkindbetreuerin Susanne Rand Maskenbildnerin Helke Hadlich und Kostümdirektorin Eva Weber (von links) verwandeln Rebecca Ammon in das Christkind (Mitte).

Christkindlesmarkteröffnung 2014: Im Hintergrund dabei sind die Souffleuse (und Christkind 1981/82) Heike Steinbauer sowie Sör-Mitarbeiter Reinhard Gärtner, der das Christkind mit einem Seil sichert (unten).

△ Maskenbildnerin Helke Hadlich und Waffenmeister Peter Hofmann verpassen Christkind Rebecca Ammon den letzten Schliff.

◁ Ein strahlendes Team: Betreuerin Susanne Randel und Christkind Benigna Munsi

auf dem Platz es gut sehen können. Auch das Podium vor der Frauenkirche für den Kinderchor haben sie angefertigt. Bei der feierlichen Eröffnung bleibt hinter dem Christkind stets ein Fenster zum Innenraum der Frauenkirche geöffnet. Dort steht ein kräftiger Mann, der die Hauptdarstellerin mit einem Gurt sichert, auch dies ein Sör-Mitarbeiter. Gleich neben ihm kauert Souffleuse Heike Steinbauer. Sie ist bereit für den Fall der Fälle, der aber noch nie eingetreten ist. Beim großen Auftritt wird das Christkind von zwei strahlenden Rauschgoldengeln flankiert. Auch die Engelchen sind mit einem Gurt an der Fassade der Frauenkirche fixiert. In die Rolle der Rauschgoldengel schlüpfen traditionell Schülerinnen des städtischen Labenwolf-Gymnasiums. Seit 2015 begleiten jeweils zwei Engel das Christkind auch bei den regelmäßigen Marktbesuchen. Diese Aufgabe teilen sich inzwischen acht Schülerinnen im Wechsel.

Die Marktkaufleute fühlen sich »ihrem« Christkind ebenso sehr verbunden. Deshalb finanziert ihr Verband die Autogrammkarten und die Lebkuchengeschenke, die das Christkind bei der Marktbegehung verteilt.

Das Christkind ist nie allein, sondern immer umgeben und beschützt von anderen. Viele Menschen wünschen sich, nicht allein zu sein und Zuwendung zu erfahren. Das Christkind hat dieses Glück und freut sich, wenn dies auch die irdischen Wesen erfahren können. ★

Hans Heubeck Der Sternlesmoo

Friedrich Wilhelm August Fröbel war ein bedeutender Pädagoge und Begründer der Kindergartenbewegung in der ersten Hälfte des 19. Jahrhunderts. Nach ihm ist ein dreidimensionaler Papierstern benannt, der aus vier Papierstreifen geflochten wird. Fröbel hatte die spezielle Technik erfunden, um damit die Feinmotorik kleiner Kinder zu schulen. Ein Meister dieser Fingerfertigkeit war der Nürnberger Hans Heubeck. Schon in den 1930er-Jahren hatte er als Kind seine ersten Sterne gebastelt. Der gelernte Mechaniker war längst in Rente, als er wieder anfing, Fröbelsterne in großer Zahl in der Farbkombination orange-gold, weiß-gold oder ausschließlich golden zu schaffen. Es war ihm ein willkommener Zeitvertreib vor allem in den Wintermonaten zu Beginn des Jahres. Dann produzierte er bereits für die kommende Weihnachtszeit. Fünf Minuten brauchte er für ein Exemplar. Im Handwerkerhof gab er immer wieder öffentliche Vorführungen, die auf reges Interesse stießen. Heubeck erlangte mit seiner Leidenschaft und Kunst eine gewisse lokale Berühmtheit. Der Zeichner und Cartoonist Gerd Bauer verewigte den »Sternlesmoo« in einer eigenen Illustration.

Heubeck stellte im Lauf der Zeit weit über hunderttausend Sterne her, die er vielen Menschen und Institutionen kostenlos überließ – als Weihnachtsdekoration in Kindergärten, für den Weihnachtsbaum im Rathaus oder für das Germanische Nationalmuseum. Er selbst hatte die Idee, dass auch die Nürnberger Christkinder seine Sterne gut gebrauchen könnten. So brachte er jahrelang bis zu seinem Tod 2016 alljährlich 3000 goldene Exemplare in großen Säcken im Presseamt für die Christkinder vorbei. Das waren so viele, dass sie noch fünf Jahre nach seinem Tod reichten. Die Christkinder verschenkten die kunstvollen Sternchen dann bei ihren Besuchen in verschiedenen Einrichtungen an Kinder oder ältere Menschen. Heubeck selbst riet dazu, sie bei der Übergabe als »Glücksstern« zu bezeichnen. Tatsächlich sind einige Wünsche – dank der Sterne des »Sternlesmoos« – in Erfüllung gegangen.

Barbara Zillgens 1993/94

Mit ihrer Kür rechnet sie nicht wirklich. Deshalb muss Barbara Zillgens nach ihrer Wahl erst einmal eine Nacht darüber schlafen, ehe sie realisiert, dass sie nun tatsächlich das Nürnberger Christkind und damit ein Kindheitstraum in Erfüllung gegangen ist.

Sie ist erstaunt, was alles vor der offiziellen Markteröffnung zu tun ist. Schauspieler Erich Ude lehrt die 16-Jährige, ihren Prolog »laut und deutlich« vorzutragen. »Der aufregendste Moment in der ganzen Amtszeit« ist für sie die Eröffnung.

1993 »bewirbt« sich auch Stefan Thor und wird damit zum Medienereignis. Und die dunkelhäutige Aknaf Hedrit, unterlegene Mitbewerberin in der Runde der letzten sechs, wird später in einem Fernsehsender als Christkind inszeniert. So bekommt Barbara im Amt ganz unverhofft »Konkurrenz«. Sie sieht die Umstände mit Gelassenheit. Mit dem zeitlichen Abstand von bald drei Jahrzehnten kann die heutige promovierte Juristin, Richterin und Mutter von vier Kindern vielleicht sogar darüber schmunzeln.

Zwischen 60 und 80 Termine absolviert sie als Christkind in jedem Jahr. Manche mit dem Taxi, manchmal chauffiert sie ihr Bruder, mit dem Zug oder dem Flugzeug werden auswärtige Märkte angesteuert. Von der Schule, dem Neuen Gymnasium, gibt es ein großes Entgegenkommen. In Nürnberg überwiegen Besuche in Seniorenheimen. Bei den Marktbegehungen dienstags und donnerstags freut sie sich vor allem über die kleinen Besucherinnen und Besucher. Dabei entdeckt sie einen vielleicht Fünfjährigen, der immer mit seiner Oma dabei ist und die Nähe des Christkinds sucht, natürlich auch, um seinen Wunschzettel in die richtigen Hände zu geben. Barbara schlendert mit Oberbürgermeister Peter Schönlein und Ministerpräsident Edmund Stoiber über den Markt, sie ist Gast in Fernsehshows.

Am nachhaltigsten in Erinnerung bleiben ihr die Begegnungen, die »nicht unbedingt schön, aber beeindruckend« sind, etwa die Besuche auf der Kinderstation im Städtischen Klinikum. »Da habe ich schon mit 16 Jahren darüber nachgedacht, wie gut es mir selber geht und dass man Menschen auch ganz ohne Materielles eine große Freude machen kann.«

Sandra Schöttner
1995/96

Ihre Bewerbung spricht eine klare Sprache. Die Handschrift präzise und mit Ausdruck. Beigelegt ist ein Foto von ihr an einem Hafen. Im Hintergrund ein dreimastiger Schoner. Die Zwölftklässlerin an der Wilhelm-Löhe-Schule hat viele Hobbys, ist in der Jugendarbeit engagiert, spielt Keyboard und nimmt Gesangsunterricht. Sie lässt wissen, dass ihr »Tier- und Umweltschutz sehr am Herzen« liegen. Sie hofft, »dass mein großer Wunsch in Erfüllung gehen kann«, Christkind zu werden. In der Abstimmung unter den Bürgerinnen und Bürgern erhält sie die meisten Stimmen. Sandra überzeugt auch die Jury vollkommen.

Rund 80 Termine warten auf das Christkind. Der erste führt sie bereits wenige Tage nach der Wahl nach Berlin. Sie überreicht im Schloss Bellevue Christiane Herzog, Ehefrau des Bundespräsidenten Roman Herzog und Schirmherrin des Deutschen Komitees für Unicef, die aktuellen Unicef-Weihnachtskarten – mit Nürnberg-Motiven. Erhard Englisch, Berlin-Korrespondent der *Nürnberger Nachrichten*, zeigt Sandra tagsüber die touristischen Highlights der Hauptstadt. Sandra wünscht sich vor allem, das Aquarium zu besuchen.

Sandra fungiert als das erste »Auslandschristkind« mit der Eröffnung des Christkindlmarket in Chicago. Auf Einladung des süddeutschen Schaustellerverbands (mit Sitz in Nürnberg) besucht sie außerdem 1996 als Werbefigur für Nürnberg die größte Schaustellermesse der Welt in New Orleans. Das Nachtleben interessiert Sandra nicht. Auch hier ist ihr das Unterwassermuseum viel wichtiger.

Sandra setzt konsequent ihren frühen Berufswunsch um. Sie studiert Meeresbiologie an der Universität Bremen, promoviert am Max-Planck-Institut für Marine Mikrobiologie und an der Jacobs University Bremen. Seit Jahren arbeitet sie als Meeresexpertin bei Greenpeace Deutschland. Das Bayerische Fernsehen porträtiert sie 2016 in der Reihe *Lebenslinien* – Titel: »Das Nürnberger Christkind und das Meer«.

Unterwegs in Sachen Nächstenliebe

Die Aufgaben des Christkinds

Als Sophie Keeser 1948 bei der Eröffnung des ersten Christkindlesmarkts nach dem Zweiten Weltkrieg auf der Empore der Frauenkirche stand, hatte sie nur eines zu tun: den von Friedrich Bröger geschriebenen Prolog vorzutragen. Das war die einzige Aufgabe des ersten Nachkriegschristkinds. Einige Tage später organisierte die Stadt mit Unterstützung von Nürnberger Geschäftsleuten auf dem Markt eine Bescherung für »bedürftige« Kinder. Gespendet wurden unter anderem Süßigkeiten, Äpfel und Spielzeug. Sogar 30 Paar Schuhe waren darunter. Bürgermeister Heinrich Landgraf hatte die Idee zu der Hilfsaktion. An mehreren Tagen erhielten tausend Kinder kleine Präsente. Als Gabenbringerin fungierte das Christkind – allerdings nicht verkörpert durch Sophie Keeser, sondern durch die Schauspielerin Hannelore Küffner. Begleitet war sie von einem »Pulzamärtl« (Willi Knoerer).

Diese öffentlichen Kinderbescherungen fanden viele Jahre auf dem Christkindlesmarkt statt. Auch diese Veranstaltungen waren mehr oder weniger inszeniert. Am 17. Dezember 1952 berichteten die *Nürnberger Nachrichten* beispielsweise, wie das ersehnte Christkind »bald hinter den Tannen hervor(kam): in einem langen goldenen Gewand, mit einem goldenen Reif über dem blonden Haar, gefolgt von Knecht Ruprecht und vier Englein. Die Geduld der Buben und Mädel wurde nicht mehr lange auf die Probe gestellt – nach einem freundlichen Prolog und heiteren Versen Knecht Ruprechts (Hans Beßler von den städtischen Bühnen) teilte das Christkind (Margret Lahrs) seine Gaben aus: Für jeden Buben und jedes Mädel gab es ein Paket mit Wolle, dem Alter entsprechend Spielzeug, einem Buch, einem Gutschein über 10 DM (der beliebig, jedoch nicht für Genußmittel wie Tabak und Alkohol verwendet werden kann) und dazu einen Beutel mit Süßigkeiten«. Immer

Die Kinderbescherung war schon in den 1950er-Jahren fester Bestandteil des Christkindlesmarkts.

wieder wurde in den Zeitungen dieses Geschenke bringende Christkind in Abgrenzung zum Eröffnungs-Christkind als das »städtische« Christkind bezeichnet.

Verschiedene Darsteller schlüpften in die Rollen des städtischen Christkinds und von Knecht Ruprecht. Dessen Prolog und die heiteren Verse waren von überschaubarer dichterischer Qualität. Knecht Ruprecht durfte auch einen eigenen fränkischen Dialekt sprechen, wie etwa 1954: »Ei, griess eich Gott, ihr Beianand! / I bin eich ja net unbekannt. / Pulzmärtel hass i, vom Wald kumm i rei, / Ötz bin i dou, wöi i mi frei! (…) Der schöini Brunna ist wärkli a Zierd'n / Rings stenna die Bud'n wie die Schaf' um ihr'n Hirt'n. / Was die Aug'n bloß woll'n, döis sengas da, / Trumpet'n, Pupp'n und Lebkoung a.«

Jahr für Jahr bescherte das Christkind hunderte, manchmal über tausend Kinder. Ausgesucht wurden zunächst Waisen, Halbwaisen und Kinder, deren

Die ängstlichen Kinderaugen gelten nicht dem Christkind! 1950er-Jahre

Familien von kommunaler Fürsorge lebten. Stadt und Spenden von Firmen ermöglichten die Präsente. Die Zeitungen begleiteten diese Veranstaltungen immer mit großem Wohlwollen und ohne Arg. Doch wurden letztlich Menschen, die nicht mit Reichtum gesegnet waren, so in gewisser Weise auch öffentlich vorgeführt. Die Stadt änderte deshalb die Form der vorweihnachtlichen Bescherung. Seit 2007 gibt es den »Sternchenmarkt für Engelchen«, einen Weihnachtsmarkt für Kinder, die unter der Armutsgrenze leben und Sozialleistungen beziehen. Veranstalter ist der Verein Sternchenmarkt. Die Stadt Nürnberg, die Weihnachtshilfsaktion »Freude für Alle« der *Nürnberger Nachrichten*, verschiedene regionale Service-Clubs wie zum Beispiel die Lions-Clubs und die rotarische Familie, aber auch Wirtschaftsunternehmen, private Sponsoren und viele ehrenamtliche Bürgerinnen und Bürger unterstützen das Projekt. Der »Sternchenmarkt« findet immer an den zwei Tagen

Das erste gewählte Christkind Gabriele Bergmann beschert mit dem Pelzmärtl die Kinder 1969.

Eine Vorlesestunde mit dem Christkind, hier in den 1970er-Jahren in der Ehrenhalle des Rathauses Wolffscher Bau, findet immer viele Zuhörer.

Auch auf dem Hauptmarkt gibt es eine Bescherung, 1975.

Wie eine Schutzmantelmadonna: Christkind Ruth Klinger (1979/80) unterwegs mit Kindern

Christkind Katrin Urschel erfreut die Kinder bei einem Besuch in der Kinderklinik im Klinikum Süd, 1998.

Von Kindern umringt: Christkind Barbara Zillgens (1993/94) bei einer Marktbegehung

△ Christkind Sandra Niederberger und Karl-Heinz Rothin, Weihnachtsmann aus Gera, begegnen sich 1989 in Nürnberg.

△ Viele Kinder wollen gerne das Haar des Christkinds berühren, hier: Christkind Doris Kormann 1987.

des dritten Adventswochenendes im Innenhof des Rathauses Wolffscher Bau statt. Mit seinen zehn Buden ist er eine Miniaturausgabe des Christkindlesmarkts. Jedes Jahr werden rund 5500 Kinder im Alter von fünf bis zehn Jahren mit ihren Familien eingeladen. Die Kinder erhalten Papiersternchen, die als Währung auf dem Markt gelten. Damit können sie an den Buden Lebkuchen, Kinderpunsch oder Weihnachtsgeschenke »kaufen«. Das Christkind besucht selbstverständlich immer den Sternchenmarkt.

Die Christkinder der ersten beiden Nachkriegsjahrzehnte hatten also lediglich eine Aufgabe: den Markt zu eröffnen. Erst mit der Kür eines Christkinds aus der Bevölkerung 1969 kamen neue Anforderungen hinzu. Gleichzeitig hatten auch die Zuständigkeiten gewechselt. Über 20 Jahre lang hatten sich die Städtischen Bühnen um das Christkind gekümmert. Dramaturg Friedrich Bröger hatte nicht nur den Vorspruch (und immer wieder neue Varianten) geschrieben, sondern auch Keeser und Brunner für diesen Auftritt ausgesucht. Ab dem Zeitpunkt, als der städtische Pressechef Walter Schatz seine Idee in die Tat umsetzte, einen Wettbewerb unter den jugendlichen Mädchen der Stadt auszuschreiben, war das Presse- und Informationsamt der Stadt Nürnberg für das Christkind verantwortlich.

Für das neue Ehrenamt eines Nürnberger Christkinds gab es zunächst keine Aufgabenbeschreibung. Natürlich: Das Christkind eröffnet den Christkindlesmarkt. Aber darüber hinaus? Nachfragen von außen sorgten rasch dafür, dass sich das Nürnberger Christkind von der reinen »Markteröffnerin« hin zu einer Multifunktionsfigur entwickelte. Erste Besuchswünsche kamen von den städtischen Altenheimen. Der eine oder andere Weihnachtsmarkt außerhalb Nürnbergs klopfte an, ob das originale Nürnberger Christkind seine Aufwartung machen könne. Und Vereine und Firmen baten um Besuche, meist zu Weihnachtsfeiern.

So zeichnete sich bald ab, dass das Nürnberger Christkind drei Rollen innehat: Es ist *die* Repräsentantin des Christkindlesmarkts, es erfreut mit seinen Besuchen viele Menschen, und es fungiert bei Visiten auswärtiger Märkte und anderer Orte als Botschafterin der Stadt Nürnberg. In den nachfolgenden 50 Jahren kristallisierten sich diese Aufgabenbereiche immer deutlicher heraus.

Die Verantwortlichen im Rathaus sahen dies zu Beginn noch nicht so klar. Das Presseamt kümmerte sich zunächst um die offiziellen Termine in städtischen Einrichtungen sowie um Besuche in anderen Kommunen. Anfragen von Vereinen und Firmen wurden direkt an das Christkind weitergeleitet. Es musste dann selbst seinen Auftritt samt Transport organisieren. Oft kümmerten sich die jeweiligen Gastgeber darum. Das Christkind und seine Eltern

Werbeaktion im Rathaus: Sieben Christkinder – darunter Sophie Keeser (zweite von links) – überreichen Oberbürgermeister Andreas Urschlechter und den Stadträten Lebkuchen.

△ Christkind Inge Eichenseer trifft auf dem Christkindlesmarkt Udo Jürgens. Der Schlagerstar hat ein eigenes Christkindlesmarkt-Lied gesungen.

▷ Christkind Teresa Treuheit begegnet in der Bayerischen Landesvertretung in Brüssel dem ehemaligen Fußballstar Jean-Marie Pfaff.

△ Schlagerkönig Heino lockt bei einem Auftritt auf dem Christkindlesmarkt 1972 Tausende an, mit dabei: Christkind Gudrun Bauer.

◁ Auch Til Schweiger erliegt der Faszination des Christkinds Stephanie Jank, 2000.

konnten selbst entscheiden, welche Einladung sie annahmen. Es war kein Problem, wenn Unternehmen das Christkind für eigene Zwecke »einspannten«. So geriet einmal ein Christkind-Porträt auf das Etikett von Glühweinflaschen eines heimischen Produzenten. Gabriele Bergmann verteilte Schoko-Christkinder in einem Kaufhaus. Und der Lebkuchen-Hersteller Wicklein schaffte es gar, mehrere Christkinder vergangener Jahre und der Gegenwart – ausstaffiert mit gleichen Gewändern, Perücken und Kronen – werbewirksam in Szene zu setzen, etwa bei einem Verkauf von Lebkuchen für bedürftige Menschen auf dem Christkindlesmarkt. Die Christkind-Runde beglückte auch den Nürnberger Stadtrat mit süßen Gaben.

Walter Schatz verließ 1978 das Presseamt, um Lokalchef der *Nürnberger Nachrichten* zu werden. Sein Nachfolger im Rathaus wurde Norbert Neudecker, zuvor Redakteur der Nürnberger *Abendzeitung*. Wie sein Vorgänger überließ auch Neudecker die tägliche Betreuung des Christkinds weitgehend seinem Stellvertreter Kurt Prölß und der Verwaltungsangestellten Luitgard Rottmann beziehungsweise später ihrer Nachfolgerin Edith Kerndler. Der Einsatz des Christkinds für Werbezwecke Dritter wurde nun unterbunden. 1979 berichteten die *Nürnberger Nachrichten*, dass jegliche kommerzielle Aktion mit dem Christkind untersagt sei. Für Absagen entsprechender Anfragen wurde ein von Neudecker unterzeichneter Standardbrief entwickelt. Darin heißt es:

»Die Stadt Nürnberg hat sich in den letzten Jahren veranlaßt gesehen, für Auftritte des Christkinds, das ja eine emotional sehr hoch einzuschätzende Symbolfigur des Christkindlesmarktes darstellt, einige sehr streng zu handhabende Grundsätze festzulegen. Demnach sind Auftritte des Christkinds nur möglich:

- bei Veranstaltungen in unmittelbarem Zusammenhang mit dem Christkindlesmarkt;
- bei Weihnachtsmärkten außerhalb Nürnbergs, die in gewisser Weise mit dem Nürnberger Christkindlesmarkt vergleichbar sind;
- bei Veranstaltungen der Stadt Nürnberg mit sozialem Anliegen (Kinder, Behinderte, alte Menschen);
- bei gleichgearteten vorweihnachtlichen Veranstaltungen freier Träger, vor allem von caritativen Verbänden, die unmittelbar für die Zielgruppe durchgeführt werden.«

Sternenstaub für die Kinder: Christkind Barbara Otto beim Vorlesen aus seinem Goldenen Buch, 2016

Damit war das »Profil« des Nürnberger Christkinds erstmals auch schriftlich fixiert. Es gilt im Kern bis heute, auch wenn im Laufe der Jahre eine weitere Facette im Aufgabenspektrum noch viel mehr zu leuchten begann. Berichte in lokalen, überregionalen und internationalen Medien steigerten die »Reichweite« des Christkinds und damit die Aufmerksamkeit für Nürnberg und seinen Christkindlesmarkt. Mit den neuen privaten elektronischen Medien ab Mitte der 1980er-Jahre wuchs auch die Nachfrage nach Interviews und eigenen Geschichten mit dem Nürnberger Christkind. Bei jedem Auftritt in Fernsehshows mit einem Millionenpublikum ist das Nürnberger Christkind seit Langem *die* Repräsentantin der Stadt Nürnberg. Das Christkind wurde zu einer Medienfigur.

Die Termine waren in den 1970er-Jahren relativ überschaubar. Die Christkinder konnten anfangs auch noch ihren Schulpflichten nachkommen. Heute sind die Christkinder vom Unterricht freigestellt, sonst wäre die Fülle der Verpflichtungen nicht zu bewältigen. Lange Zeit waren es 30 oder 40 Termine pro Amtszeit. 1992 waren es knapp über 50, im Durchschnitt drei am Tag. Dabei gab es bereits rund 150 Anfragen. Barbara Zillgens (1993/94)

△ Christkind Rebekka Volland zieht bei einem Besuch im Sternenhaus die Kinder in ihren Bann.

◁ Gerade Kinder und ältere Menschen suchen Nähe und Berührungen mit dem Christkind, hier mit Teresa Treuheit (2013/14).

◁◁ Christkind Benigna Munsi liest vom bezaubernd gestalteten Thron im Sternenhaus.

△ Auf seinem Markt: Christkind Teresa Treuheit verteilt Christkind-Postkarten.

△△ Das Christkind Barbara Otto freut sich über eine Karussellfahrt auf der Kinderweihnacht, 2016.

erinnert sich an 60 bis 80 Termine, Sandra Schöttner hatte 1996 rund 80 Verpflichtungen. Das Jahr 1997 stellt eine Zäsur dar. Mit dem neuen Fahrdienst der städtischen Verkehrsbetriebe hatte Edith Kerndler viel mehr Möglichkeiten, zu disponieren. Sie nutzte die besseren logistischen Möglichkeiten im Sinne der vielen Anfragen. Die Zahl der Christkind-Einsätze nahm stark zu. Vor allem wuchs die Zahl der Besuche in sozialen Einrichtungen wie Alten- und Pflegeheimen, Begegnungsstätten für obdachlose Menschen, Behindertenwerkstätten, Kindergärten und Krankenhäusern. Das Christkind wird überall positiv aufgenommen. Es ist genauso gern gesehener Gast zur Begrüßung bei den Weihnachtskonzerten der Nürnberger Symphoniker im Historischen Rathaussaal wie im Kindergarten Wirbelwind. Die Wünsche sind zahlreich.

2019 kam Benigna Munsi auf über 180 Einsätze. Das darf als Obergrenze betrachtet werden, mehr geht nicht. Dabei lagen in diesem Jahr rund 250 Anfragen vor. Die überwiegende Zahl der Termine hatte das Christkind 2019 in Kindertagesstätten und der Märchenstunde für Kinder im Sternenhaus (44), Seniorenheimen (29), Krankenhäusern und anderen sozialen Einrichtungen (18) absolviert. Hinzu kamen Marktbegehungen, Besuche auf kleinen Weihnachtsmärkten in den Nürnberger Stadtteilen (8), aber auch in anderen Orten (10), Medientermine und Fernsehauftritte (14) und viele andere Besuche.

Das Christkind ist Repräsentantin »seines« Markts. Deshalb liegt es nahe, dass es auch regelmäßig den Markt besucht. Diese »Marktbegehungen« fanden anfangs einmal in der Woche statt. Gerade die Marktbeschicker freuen sich besonders, wenn das Christkind sich die Ehre gibt. Inzwischen sind es regelmäßig vier feste Termine pro Woche immer nachmittags um 15 Uhr. Früher wandelte das Christkind durch die eine oder andere Budenstraße und hielt ein kurzes Schwätzchen mit den Verkäuferinnen und Verkäufern in den Buden. Dabei begleiteten immer mehr Menschen das Christkind. Irgendwann war der Punkt erreicht, da das Christkind in einem Pulk von Leuten feststeckte. Von einer »Begehung« konnte nicht mehr die Rede sein. Seit 2015 besucht das Christkind deshalb zwar weiter regelmäßig seinen Markt, hält sich aber nur noch auf der kleinen Bühne vor der Frauenkirche auf – immer begleitet von zwei Rauschgoldengeln. Von dort richtet es einige Worte an die Besucherinnen und Besucher, liest vielleicht eine kleine Geschichte vor, verteilt Postkarten von sich und Lebkuchenpräsente und steht danach auch für Fotos zur Verfügung. All das wird von einem Sprecher moderiert.

△ Ein ersehnter Gast: Christkind Barbara Otto beim Vorlesen in einem Kindergarten

△ Besuche in der Kinderklinik gehören zu den Aufgaben des Christkinds: Christkind Christin Strauber 2003 (oben), Christkind Marisa Sánchez 2002 (unten).

Eine weitere neue Aufgabe stellt seit 2018 die Teilnahme an einer kleinen ökumenischen Abschlussfeier zur Mittagszeit am Heiligen Abend dar. Damit schließt sich der Kreis. Das Christkind eröffnet nicht nur den Markt, sondern beendet ihn gewissermaßen. Auch wenn es selbst zu diesem Zeitpunkt noch nicht »Feierabend« hat. Denn es besucht traditionell am 24. Dezember danach mindestens noch den Gottesdienst im Hauptbahnhof und am späten Nachmittag die Weihnachtsfeier für Obdachlose im Haus Eckstein der evangelischen Kirche. Erst danach hat das Christkind frei und darf im Kreis der eigenen Familie einfach es selbst sein.

Das Christkind genießt allerorten eine überaus hohe Glaubwürdigkeit. Dafür gibt es mehrere Gründe. Das Christkind erfüllt seine Aufgaben in einem Ehrenamt. Es ist nicht käuflich, es kann auch nicht für (viel) Geld »bestellt« werden, es wirbt nicht für kommerzielle Produkte – außer für seinen

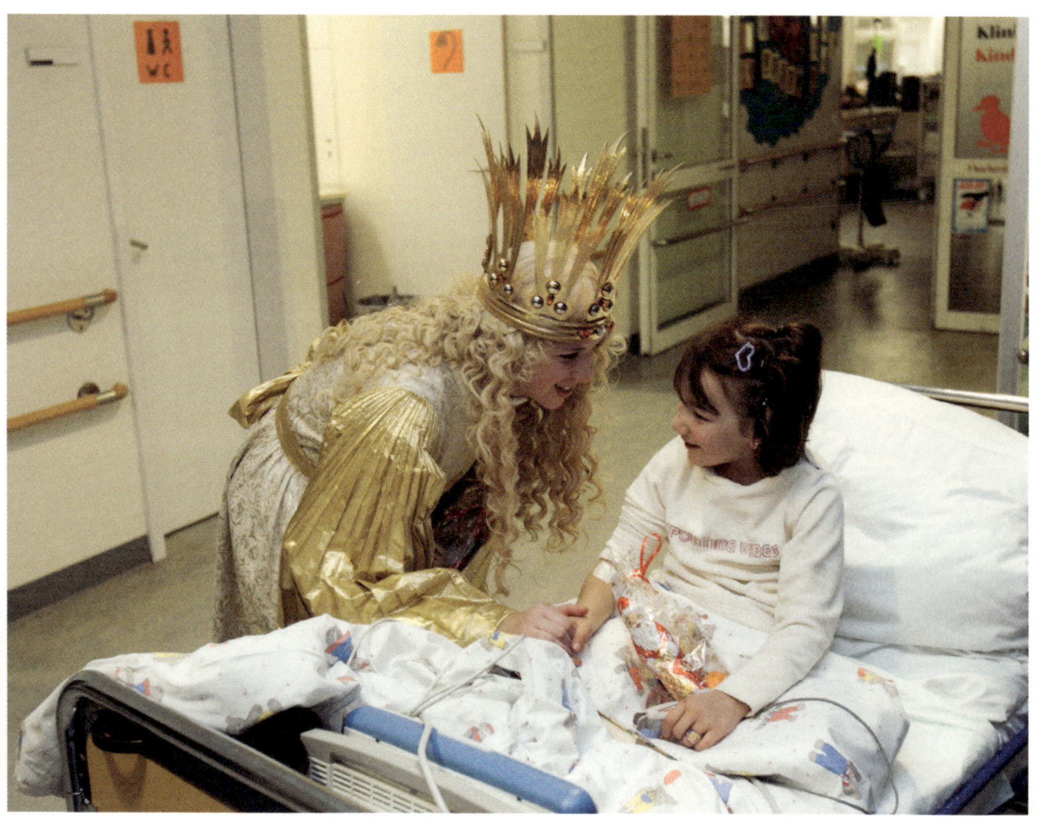

So lässt sich vieles besser ertragen: tröstende Worte des Christkinds Rebekka Volland, 2008.

Markt. Für wohltätige Zwecke steht es gerne zur Verfügung. Die Figur ist nicht politisch, parteipolitische Instrumentalisierung verbietet sich nachgerade. Alle Anfragenden für Besuche werden gleich behandelt. Das Christkind ist zwar zunehmend professionelle Promoterin des Christkindlesmarkts und Botschafterin der Stadt, doch ihre Ausstrahlungskraft gewinnt die Figur vor allem durch die zahlreichen Einsätze in sozialen und karitativen Einrichtungen. Diese Zuwendung – mag sie auch noch so kurz sein – zu den Menschen, vor allem jenen, die nicht auf der Sonnenseite des Lebens stehen, wissen die Leute zu schätzen, und sie verleiht der Figur eine ganz besondere Aura. ★

Die Christkind-Gemeinschaft

Wenn alles vorüber ist nach der Wahl zum Christkind im Schönen Saal, das Blitzlichtgewitter, die ersten Interviews mit den vielen Medien und all die aufregenden Momente des Bangens, des Glücks und der Freude, dann wird das Christkind samt Familie in die nüchternen Büros des Presseamts gebeten. Es ist der Start für ein neues Team, das sich finden muss. Deshalb gibt es gleich viel zu bereden. Zum Beispiel die Termine der ersten Interviews in mehreren Radiostationen am nächsten Morgen. Dabei wird das Arbeitsgespräch regelmäßig unterbrochen von Anrufen, die im Presseamt eingehen. Denn immer wieder melden sich ehemalige Christkinder, um der Nachfolgerin zu gratulieren und ihre Unterstützung anzubieten. Die Vorgängerinnen wissen am besten, welche Kleidung unter dem Ornat (Skiunterwäsche), welche Schuhe (hell, warm und unauffällig), welche Handschuhe (weiß) ideal sind. Oder dass es wichtig ist, sich ein eigenes »goldenes« Buch zusammenzustellen, aus dem sich später schöne und spannende Geschichten für Kinder vorlesen lassen. Tipps haben alle parat. Und es ist auch wertvoll zu erfahren, wie man am besten auf herausfordernde Kinderfragen antworten kann.

30 Jahre nach der ersten Christkindwahl: Treffen der Christkinder im Rathaus 1999

Christkind-Betreuerin Edith Kerndler-Hamburger am Heiligen Abend 2011 beim gemeinsamen Umtrunk auf dem Markt mit dem amtierenden Christkind und Vorgängerinnen

Für das Christkind gibt es keine offizielle Stellvertretung. Sollte ein Christkind wegen einer winterlichen Erkältung nicht einsatzfähig sein, was in all den Jahren so gut wie nie vorgekommen ist, wird das Vorjahreschristkind angefragt, ob es einspringen kann. Da war bislang jede Vorgängerin gerne zur Stelle, manchmal sogar die Vorvorgängerin, wenn es sein musste.

Im Jahr 2019 jährte sich die erste Christkindwahl zum 50. Mal. Um dies zu würdigen, lud die Stadt Nürnberg zu einem Festakt ein. Nahezu alle Christkinder nahmen daran teil, neben vielen Helfern und Begleitern auch Eltern und Angehörige. Ähnliche, aber kleinere Treffen fanden auch schon zum 30. und 40. Jubiläum statt.

Die meisten Christkinder fühlen sich über die Generationen hinweg miteinander verbunden. Einige sind seit Jahren in einer gemeinsamen Social-Media-Gruppe organisiert. Auch ohne Einladung oder förmliche Erinnerung ist klar: Am Heiligen Abend kommen alle, denen es möglich ist, mittags am Christkindlesmarkt zusammen, kurz bevor er seine Pforten schließt, um gemeinsam eine Tasse Feuerzangenbowle zu trinken und sich auszutauschen. Das aktuelle Christkind ist selbstverständlich auch dabei. Und die Betreuerinnen aus dem Presseamt und einige Eltern. Die Christkind-Familie wächst von Jahr zu Jahr.

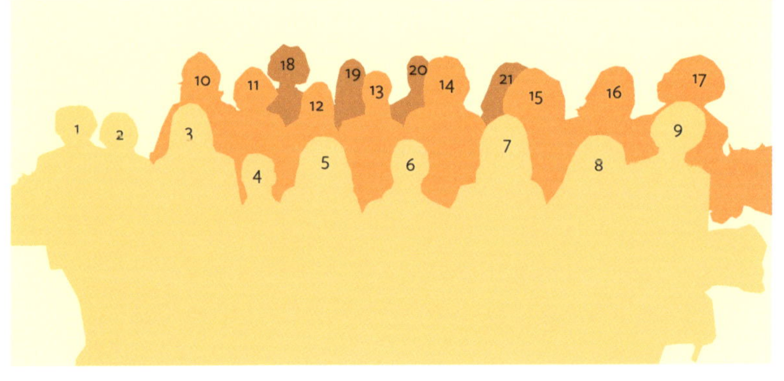

1
2
3
4
5
6
7
8
9
10
11
12
13
14
15
16
17
18
19
20
21

Gruppenbild mit drei Betreuerinnen aus dem Presseamt und 18 Christkindern: Zum 50-jährigen Jubiläum der ersten Wahl veranstaltete die Stadt Nürnberg 2019 eine Feier im Historischen Rathaussaal. Nicht alle Christkinder konnten den Festakt besuchen. Mit dabei waren: Luitgard Rottmann (1), Edith Kerndler-Hamburger (2), Gudrun Bauer (3), Susanne Randel (4), Benigna Munsi (5), Barbara Otto (6), Teresa Treuheit (7), Katrin Urschel (8), Michaela Kraus (9), Doris Kormann (10), Stephanie Jank (11), Marisa Sánchez (12), Eva Sattler (13), Gabriele Bergmann (14), Birgit Schirlitz (15), Tanja Zimmermann (16), Inge Eichenseer (17), Sandra Schöttner (18), Rebekka Volland (19), Barbara Zillgens (20), Heike Steinbauer (21).

Katrin Urschel
1997/98

Erstmals tritt sie als Nürnberger Christkind im Ornat bei einer Werbeveranstaltung in London auf. Als es dann eine Woche später mit dem Prolog zur Eröffnung des Christkindlesmarkts zum wichtigsten Auftritt kommt, ist sie nicht wirklich aufgeregt. Vormittags schreibt sie eine Schulaufgabe. Den Text für den Vorspruch hat sie sicher drauf. Doch sie vergisst, tagsüber genügend zu trinken. Als sie mit dem Prolog beginnen will, muss sie sich erst räuspern. Sie hört das Echo über den ganzen Markt schallen und gerät fast in Panik. Das ärgert sie maßlos. Im zweiten Jahr wird ihr das nicht mehr passieren.

Mit Katrin Urschel sind verschiedene Premieren verbunden. Sie ist das erste Christkind, das von Kurt Leo Sourisseaux im Sprechen vorbereitet wird. Nach Jahren wird für sie ein neues Kostüm geschneidert. Erstmals hat sie auch Termine als Vorleserin in der von der Stadt neu geschaffenen »Märchenstunde« für Kinder in der Ehrenhalle im Rathaus. Und sie ist das erste Christkind, das mit dem Kleinbus der VAG chauffiert wird.

Der neue Fahrdienst hat Folgen. Im Jahr 1997 nimmt Katrin rund 100 Termine wahr, 1998 sind es dann schon 140 Einsätze. Darunter ist einer, der Katrin sehr bewegt: Sie trifft bei einem Besuch in einem Nürnberger Altenheim Sophie Keeser, das erste Christkind der Nachkriegszeit. Die gefeierte Nürnberger Volksschauspielerin ist zu diesem Zeitpunkt bereits von den Widernissen des Alters gezeichnet. Aber auch viele andere Begegnungen berühren Katrin. Etwa als ihr ein Mädchen in der Kinder- und Jugendpsychiatrie ins Ohr flüstert: »Sag meiner Mama im Himmel bitte einen schönen Gruß.«

Der Kontakt mit den Medien lässt sie daran denken, sich nach dem Abitur dem Journalismus zuzuwenden. Doch sie entscheidet sich für einen anderen Weg. Nach dem Studium in Passau und der Promotion im irischen Galway zieht die Literaturwissenschaftlerin der Liebe wegen nach Toronto, wo sie seit Jahren mit Ehemann und zwei Kindern lebt. Sie lehrt an mehreren Universitäten. Vorlesungen vor vielen Studierenden sind gar kein Problem. Und das mit dem Räuspern hat sich erledigt.

Stephanie Jank 1999/2000

Als sich der Vorhang auf der Empore senkt, hat Stephanie Jank erst einmal mit ihrer kleinen Nachbarin zur Linken zu tun. Der Rauschgoldengel steht nah an der Brüstung in zwölf Metern Höhe, blickt in die Tiefe und sagt: »Ich glaub, mir wird schlecht.« Während die erwartungsvolle Spannung bei Tausenden von Besucherinnen und Besuchern der Eröffnungszeremonie zu spüren ist, muss das Christkind seinen Engel beruhigen. Es rät dazu, sich einen Schritt nach hinten zu begeben. Der Hinweis hilft. Erst dann wird Stephanie den Prolog sprechen, den sie schon seit Kindertagen auswendig kann.

Wenige Minuten später sorgt sie für ein Novum. Während nach ihrem ersten großen Auftritt drei Strophen des Liedes »O du fröhliche, o du selige« gespielt und gesungen werden, verharrt sie in der Schlusspose des Prologs mit ausgebreiteten Armen (und Flügeln).

In den Medien wird sie später als »Milleniums-Christkind« bezeichnet, weil sie 1999/2000 im Amt ist. Sie geht ihre Aufgabe mit Bedacht und Überlegung an. Sie weiß, dass ihre Wirkung von der Rolle und dem Kostüm bestimmt ist. »Ich hatte immer den Eindruck, dass das Gewand einen geschützt hat. Man hat schon eine Autorität, ohne dass man irgendetwas gemacht hat«, meint sie. Einmal schlüpft sie unmittelbar nach einer Marktbegehung im nahen »Christkindmobil« in ihre private Kleidung, um auf dem Markt Weihnachtsgeschenke für die Familie zu kaufen. Niemand erkennt sie.

Stephanie beschäftigt sich nach ihrer Amtszeit intensiv mit dem Thema Christkind. Sie forscht und schreibt 2006 in einer Hausarbeit für das Lehramt an Grundschulen über das »Nürnberger Christkind als Repräsentationsfigur eines weltberühmten Weihnachtsmarktes«. Reflektierend blickt sie auf ihre Amtszeit zurück. »Alles war eine Bereicherung«, sagt sie. Dass das Amt den »Weg zur Karriere ebnet«, bezweifelt sie. Das Lehramt hat sie schon vor ihrer Zeit als Christkind angestrebt. Sie ist dankbar ob ihrer vielfältigen Erfahrungen und Erlebnisse. Die Verbundenheit mit Vorgängerinnen und Nachfolgerinnen freut sie: »Ich finde es sehr schön, dass man zur Christkind-Familie gehört.«

Die Lichtbringerin

Das Christkind und seine Wirkung

Das Christkind. Ein Mythos oder ein Traum? Eine Erinnerung an vergangene Kindertage? Ein Ausbund an Kitsch? Etwas aus der Zeit Gefallenes? Jeder Mensch verbindet mit der Figur vielleicht etwas anderes. Oder gar nichts. Welchen Bezug hat man zu ihr? Mit purer Vernunft lässt sich das Phänomen nicht (be)greifen. Es hat mit Emotionen zu tun.

Ein Szenario: Ein rational bestimmter Zeitgenosse findet sich auf dem Christkindlesmarkt ein, weil er von Familie oder Freunden zu einem kleinen Bummel überredet wurde. Zufälligerweise sieht er sich dem Nürnberger Christkind gegenüber. Der nüchterne Betrachter ist erst reserviert, schaut zweifelnd, aber nach kurzer Zeit hat er ein Lächeln im Gesicht und sieht ein klein wenig erfüllt dem Christkind bei der Begegnung mit den Menschen zu.

Oder: Die Eröffnung des Christkindlesmarkts 2006 beobachteten auch Mitglieder des Berliner Presse Clubs vor Ort. Sie waren auf Einladung des Presseclubs Nürnberg in die Frankenmetropole gekommen. Zwei Stunden nach seinem großen Auftritt besuchte das Christkind die Delegation aus der Hauptstadt bei einem Abendessen über den Dächern von Nürnberg. Die Berliner Gäste waren allesamt erfahrene, abgeklärte Journalistinnen und Journalisten, die sonst versuchen, Kanzlern, Ministern und anderen Persönlichkeiten in Hintergrundgesprächen Wichtiges zu entlocken. Das Christkind begrüßte die versammelte Runde in »seiner« Stadt, wünschte einen schönen Aufenthalt, lächelte, winkte kurz – und wollte wieder gehen. Allein: In den Augen der Hauptstadtjournalisten – Frauen wie Männern, jungen wie ein bisschen reiferen – spiegelte sich eine offenkundige Freude ob der Begegnung. Einer der Ältesten aus der Delegation überwand sich als Erster, sprang auf und bat um ein Foto mit dem Nürnberger Christkind – für die Enkel zu Hause. Es dauerte nur wenige Sekunden, bis es eine Schlange von weiteren Gästen gab, die sich ebenfalls ein gemeinsames Foto wünschten. Und alle strahlten.

△ Christkind Marisa Sánchez zaubert einer Patientin in einem Seniorenzentrum ein Lächeln ins Gesicht, 2001.

▷ Hoffnungsfrohe Kinder überreichen Christkind Eva Sattler im Sternenhaus ihre Wunschzettel, 2005.

Das »Publikum« des Nürnberger Christkinds kommt aus allen Bevölkerungs- und Altersgruppen. Es ist in Kindergärten, Seniorenheimen und Obdachlosentreffs genauso zu Hause wie auf dem Christkindlesmarkt, anderen Weihnachtsmärkten in der Region und in der gesamten Republik, ebenso bei Fernsehshows in großen Hallen. Die Reaktion der Menschen ist dabei immer sehr ähnlich, egal wie alt sie sind und welchen persönlichen Hintergrund sie haben. Das Christkind kommt – oder besser: es erscheint –, die Augen der Besuchten erwartungsfroh, dann freuderfüllt entspannt. Dies kann man immer wieder beobachten, dies haben alle Christkinder der vergangenen Jahrzehnte zig Mal erlebt. Das Christkind berührt die Menschen und ihre Gefühle. In unserer nüchternen, postmodernen Welt lässt die »himmlische« Figur etwas anklingen, das sonst verborgen ist. Oder das, was man sich sonst nicht zu zeigen getraut.

Die ganz Kleinen haben meist große Ehrfurcht, können das Wesen nicht so recht einordnen, wissen allerdings schon früh, dass es Geschenke bringen kann. Also wird die Figur schnell zur Projektionsfläche eigener Wünsche und Hoffnungen. Man kann dem Christkind seinen Wunschzettel mitgeben. Die kleinen Kinder *glauben* an das Christkind. Schon als älteres Kind weiß man aber, dass es das Christkind nicht gibt. Trotzdem bleibt die Figur weiter relevant. Wenn Erwachsene auf das Christkind treffen, fühlen sie sich an die eigene Kindheit erinnert, verbinden dies mit einer unbeschwerten Phase des eigenen Seins. Alle Christkinder berichten übereinstimmend, welch große Wirkung sie vor allem beim Kontakt mit alten, manchmal auch dementen Menschen erzielen – was für besondere Glücksmomente bei den Christkindern sorgt. Gerade betagte Frauen und Männer fühlen sich im Angesicht des Nürnberger Christkinds zurückversetzt in frohe Kindertage. Plötzlich ist die Vergangenheit wieder präsent. Wenn das Christkind die Hand einer Seniorin ergreift oder ihr über die Wange streicht, kann das zum Höhepunkt des ganzen Jahres werden und verblüffende Wirkungen erzielen. Einmal wurde in einem Pflegeheim beobachtet, wie eine Frau, die monatelang zu keinem Wort mehr fähig war, ein Weihnachtslied mitgesungen hat.

Das Nürnberger Christkind ist gerade für Menschen, die sich in einer Krisensituation befinden oder nicht auf der Sonnenseite des Lebens stehen, ein Lichtblick, ein Moment der Freude. Wenn das Christkind kleine Krebspatientinnen und -patienten oder psychisch erkrankte Kinder und Jugendliche in Kliniken besucht, erfreut das die Kranken, tröstet aber auch die Eltern.

Libes christkind
Maeine Schwester
Marion unt Manuela wünsen uns
Doktor Wackelsahn
Kaufladen
Weisses Pferd

Kned…
Faller…
Ich b…

Ich wünsche mir vom Christkind
kl. Nilpferd
Känguruh
Nilpferd

Kattrin Uschel – Nürnberger Christkind
Was ich mir zu Weihnachten wünsche …
Was ich mir zu Weihnachten wünsche … Was wir den wohl am nötigsten haben

1 Frieden, weil wir den wohl am nötigsten haben
2 Ein Fest in Ruhe und Harmonie – ohne Stress
3 Dass ein jeder mit seinen Weihnachtsgeschenken zufrieden ist, und der Sinn des Schenkens nicht verloren geht
4 Weiße Weihnachten
5 Dass die Wunschzettel der Kinder nicht jedes Jahr größer werden
6 Mehr Verständnis füreinander und gegenseitiges Vertrauen
7 Eine Lösung für die großen Probleme der Welt (Armut, Umweltverschmutzung, Gewalt)
8 Weniger Passivität und mehr Engagement, denn jeder kann etwas tun!
9 Eiskunstlauf-Schlittschuhe – die stehen schon seit sechs Jahren auf meinem Wunschzettel
10 Eine Zukunft, in der man all diese Wünsche nicht mehr äußern muss, weil sie Wirklichkeit geworden sind.

Frohe Weihnachten!!

△ Liebevoll gestaltete Wunschzettel an Nürnberger Christkinder

Am herzlichsten wird das Christkind oft von obdachlosen Menschen, etwa in der ökumenischen Wärmestube oder am Heiligabend in der Stadtmission, aufgenommen. Im Prolog des Nürnberger Christkinds heißt es:

»Doch leuchtet der Markt im Licht weit und breit,
Schmuck, Kugeln und selige Weihnachtszeit,
dann vergesst nicht, Ihr Herrn und Frau'n, und bedenkt,
wer alles schon hat, der braucht nichts geschenkt.

Die Kinder der Welt und die armen Leut',
die wissen am besten, was Schenken bedeut'.
Ihr Herrn und Frau'n, die Ihr einst Kinder wart,
seid es heut' wieder, freut Euch in ihrer Art.«

Das Christkind verkörpert Eigenschaften, die wir uns alle wünschen, aber wir wissen zugleich, dass sie nicht jedem immer innewohnen. Das Christkind ist für alle da – ohne Ansehen von Alter, Hautfarbe, sexueller Orientierung, Herkunft oder Rang. Es begegnet allen Menschen mit gleicher Zuwendung und mit Respekt. Das spüren vor allem jene Menschen, die in ihrem Leben ganz andere Erfahrungen machen. Die »Kinder der Welt und die armen Leut'« wissen deshalb die Begegnungen mit dem Nürnberger Christkind besonders zu schätzen. Die Kunstfigur Christkind lässt zudem das Unwirkliche in der wirklichen Welt wahr werden. Es erschafft eine Situation, in der man für geraume Zeit nicht an die Realität mit Kümmernissen und unerfüllten Sehnsüchten denken muss.

In der Begegnung mit dem Christkind kann man sich auch Fragen nach Glauben und Hoffen stellen. Aber man muss es nicht. Auch wenn das Christkind eindeutig christlichen Ursprungs ist, ist es keine Figur, die nur für eine wie auch immer verfasste Glaubensgemeinschaft da wäre. Es entfaltet seine Wirkung Ende des 20. und Anfang des 21. Jahrhunderts auch in einer zunehmend säkulareren Welt. Die Zahl der Protestanten und Katholiken sinkt seit Langem deutlich. Inzwischen gehört weniger als die Hälfte der Nürnberger Bevölkerung einem christlichen Bekenntnis an. Eine knappe Mehrheit hat einen anderen oder gar keinen religiösen Glauben. Das Nürnberger Christkind ist längst eine suprareligiöse Figur, die allen Aufmerksamkeit schenkt.

Die Wirkung des Christkinds hat auch damit zu tun, dass es sich bei den Protagonistinnen um junge Frauen handelt, die noch nicht (ganz) erwachsen

»Wos bringd is Griskindla?«

Im Nürnbergerischen gibt es das Christkind eigentlich nicht. Denn in der Regel wird von ihm lieber in der ortsüblichen Verkleinerungsform gesprochen, das heißt aber nicht Christkindlein, sondern *Chriskindle* oder auch *Christkindla*. Deswegen auch *Christkindlesmarkt* und nicht *Christkindlmarkt* wie im Altbaierischen. Wenn wir genau sein wollen und dem Nürnberger Sprachforscher Herbert Maas folgen, dann gibt es nicht einmal ein *Christkindle*. Denn das *Ch* wird im Dialekt als *G* gesprochen. Und der harte Konsonant t wird zum *d* oder verschwindet beim Sprechen gänzlich. Was beispielsweise zu diesem Satz führt: *Des* (das) *Griskindla bsouchd* (besucht) *seinen Griskindlasmargd*.

In die Nürnberger Vollmundart sind verschiedene Redewendungen mit Bezug zum Christkind eingegangen. *Der schdråld wäi ä Griskindla* – der strahlt wie ein Christkind – heißt einfach, dass sich jemand riesig freut. Mit der Wendung bezeichnet man auch einen sehr freundlichen Menschen. Hinter der Frage *Wos bringd der den heier is Griskindla?* steht die Neugierde, ob jemand schon wisse, was er heuer zu Weihnachten geschenkt bekomme. Wenn jemand *wäi ä Griskindla schaud*, unterstellt man dem Gegenüber eine gewisse Naivität oder Einfältigkeit. Noch ein bisschen abfälliger ist ein *schlamberds Griskindla*.

Das *Griskindla* kann sich auch von der Person lösen und im übertragenen Sinn das Weihnachtsgeschenk meinen: *Housd dei Griskindla scho gräichd?* Hast du dein Weihnachtsgeschenk schon erhalten?

sind, die in gewisser Weise »rein« sind und ohne Arg auf andere zugehen können. Nach Einschätzung des Münchner Psychologieprofessors Engelbert Fuchtmann mischen sich beim Kontakt mit dem Christkind mehrere psychologische Faktoren. Er erinnert an die vielen Märchenfiguren, in denen Frauen mit goldenem Haar vorkommen, die (junge) Menschen in ihren Bann ziehen können. Die Faszination resultiere auch aus dem »einmaligen Moment« und dem »starken Erwartungshorizont« bei der Begegnung. Man wolle Weihnachten gefühlsmäßig erleben. Das Christkind lässt teilhaben an Zauber und Glanz. Letztlich sei das Christkind auch eine Mittlerin zwischen der himm-

◁ Christkind Sandra Schöttner besucht in einem Altenheim das erste Nachkriegschristkind Sophie Keeser.

lischen Sphäre mit all ihren Verheißungen und der Wirklichkeit. »Das Christkind ist ein Aufruf an die Fantasie. Die Realität lässt sich für Sekunden ausblenden. Wir erzeugen aber selbst unsere Illusionen. Das Christkind hilft dabei«, meint Engelbert Fuchtmann.

So wird das Nürnberger Christkind manchmal zu einer Figur der Hoffnung und der Zuversicht, zu einer »Lichtbringerin«. Dabei stört der Habitus, das prächtige Gewand und die goldene Krone – sichtbares Zeichen einer imaginären Macht – nicht im Geringsten. Im Gegenteil. Dass die »Glamourfigur« Christkind allen Menschen auf Augenhöhe begegnet, dass es keine Berührungsängste hat, dass es ein »Christkind zum Anfassen« ist und dass es jeden ernst nimmt, empfindet das Gegenüber als Anerkennung, und all dies sorgt manchmal für einen unverhofften Moment des Glücks. Dabei hat das Nürnberger Christkind selbstverständlich keine übersinnlichen Kräfte. Eine Jugendliche, eine junge Frau »aus dem Volk« verkörpert das Christkind. Sie könnte aus der Nachbarschaft stammen. Sie ist »eine von uns«. Was sie in ihrem Christkindamt auszeichnet, ist vor allem: Menschlichkeit. Damit transportiert die Figur Eigenschaften und Werte, die keineswegs »übermenschlich« sind, aber nicht von jedem in der Alltagswelt erfahren werden.

Das Nürnberger Christkind ist durch seine Geschichte, Funktion und äußere Erscheinung zwar herausgehoben, in Wahrheit aber nur: ein Anteil nehmender und mitfühlender Mensch. ★

Marisa Sánchez

2001/02

Nach dem ersten erfolgreich gesprochenen Prolog ist alle Anspannung wie verflogen. Erleichterung und pures Glück machen sich breit. Die 17-jährige Marisa Sánchez denkt sich: »Wow, der Markt ist eröffnet, und zwar durch mich.« Freudentränen schießen ihr in die Augen. Sie wird in ihrer Amtszeit noch zahlreiche weitere »Glücksmomente« erleben.

Marisa besucht das katholische Maria-Ward-Gymnasium. Sie ist in Nürnberg geboren, ihre Mutter stammt aus Portugal, der Vater aus Spanien. Wenige Tage nach Marisas Wahl zum Christkind thematisiert eine Lokalzeitung, dass die Eltern keine Deutschen seien. Marisa lässt dieser »kleinkarierte Text relativ kalt«. Sie sieht sich als »spanische Nürnbergerin«. Konkrete Anfeindungen erlebt sie jedoch nicht. Sie sagt sich selbstbewusst: »Ganz offensichtlich habe ich die Jury begeistern können, sonst hätte sie mich nicht gewählt.«

Die Begegnungen mit Kindern, aber auch mit älteren Menschen machen ihr große Freude und berühren sie. Die Vorlesestunden im Sternenhaus genießt sie. In Seniorenheimen hat sie manchmal »den ein oder anderen Kloß im Hals«. Marisa nimmt sehr intensiv wahr, wie leicht es ist, allein durch die Anwesenheit des Christkinds anderen Menschen ein Lächeln ins Gesicht zu zaubern. Daraus leitet sie ihre eigene Lebensphilosophie ab: »Ein freundliches Wort oder ein Lächeln können beim Gegenüber so viel bewirken. Das sollte doch auch außerhalb der Weihnachtszeit möglich sein. Letztlich beschenke ich mich damit doch selber.«

Beim Besuch des Weihnachtsmarkts in Kaiserslautern fragt ein Mädchen: »Bist Du die Faschingsprinzessin?« Marisas Antwort, »Ich bin das Nürnberger Christkind, ich bringe an Weihnachten die Geschenke«, überzeugt offensichtlich nicht. Prompt kommt es zurück: »Mir bringt der Weihnachtsmann meine Geschenke.« Marisa braucht eine Weile für die Erklärung, dass es Landstriche gibt, in denen der Weihnachtsmann für Geschenke zuständig ist, und andere, wo das Christkind diese Aufgabe erledigt. Kinder haben es Marisa angetan, das weiß sie schon lange. Seit 2011 ist sie Grundschullehrerin.

Christin Strauber
2003/04

Die Entscheidung trifft sie erst zwei Tage vor dem Termin. Statt eines melancholischen Gedichts von Hermann Hesse, das sie längst auswendig kann, studiert Christin Strauber lieber »Der Panther« von Rainer Maria Rilke ein. Prompt kommt die 17-Jährige vom Wilhelm-Löhe-Gymnasium beim Vortrag vor der Jury ins Straucheln. Eine Strophe fällt ihr nicht mehr ein. Sie beginnt erneut. Später sagt das Gremium, sie habe charmant auf das kleine Missgeschick reagiert – und kürt es zum Christkind.

Ab diesem Zeitpunkt sei alles sehr aufregend gewesen, erinnert sich Christin: das Sprechtraining, die Anproben im Theater. Die Eröffnung erlebt sie »wie im Film«. Und es sei gut gewesen, eine Souffleuse im Hintergrund zu wissen. »Wahnsinnig schöne« Momente erlebt sie mit vielen Kindern, »sehr rührende und nahe gehende« mit alten Menschen. Diese Begegnungen prägen sie. Sie spürt die »wohlwollende« Stimmung, die sie überall empfängt. Bei einer Florian-Silbereisen-Show lernt sie David Hasselhoff mit seiner »krassen Ausstrahlung« kennen. Termine mit Politikern indes empfindet sie als am schlimmsten. Im Gegensatz zu den Begegnungen mit anderen Menschen fehlt ihr dabei die Wärme, oft sei es ein »steriles Zusammenkommen«.

Während der Amtszeit vermisst sie nur eines: einen freien Tag, um selbst Weihnachtsgeschenke einkaufen zu können. Als sie die Christkindrobe an den Nagel hängen muss, ist für sie alles gut. Keine Wehmut, kein Abschiedsschmerz. Dabei bestimmt das Christkindsein ihr weiteres Leben. Als »Auslandschristkind« besucht sie auch den Weihnachtsmarkt in Denver, der von der Lufthansa gesponsert wird. Nach dem Abitur studiert Christin in Nürnberg Betriebswirtschaft. In dieser Zeit bewirbt sie sich erfolgreich für ein Praktikum bei der Lufthansa – in Denver. Nach dem Studienabschluss lebt, lernt und arbeitet sie jahrelang in Chicago und San Francisco. Sie schließt in den USA ein Webdesign-Studium an. Dann zieht es sie als Designerin nach Portugal. Seit 2020 lebt sie wieder in ihrer Heimatstadt Nürnberg.

Einmal Christkind, immer Christkind? Christin weiß es nicht. »Aber bei der Eröffnung bin ich jedes Mal sentimental. Und ich spreche den Prolog mit«, sagt sie.

Im Rampenlicht

Das Christkind und die Medien

Schon die Eröffnung des ersten Nachkriegs-Christkindlesmarkts 1948 durch ein echtes Christkind hat in den Zeitungen ein stattliches Echo ausgelöst. Die besondere Figur mit ein bisschen Glitzer, Glamour und Geheimnis interessierte die Menschen. Vor allem die lokalen Medien griffen das Thema von Anfang an gerne auf. Aber auch überregionale Zeitungen oder Agenturen berichteten bereits im frühen Nachkriegsdeutschland über das Nürnberger Ereignis. Auch das war ein Stück Rückkehr zu einem Leben mit unverfänglichem Brauchtum aus vergangener Zeit. Im Mittelpunkt der Betrachtung stand zunächst der Markt.

Das änderte sich mit der ersten Christkindwahl im Jahr 1969. Seither sind die Zeitungen und später weitere Medien auch Mit-Beteiligte. Mit der Präsentation der letzten zwölf Kandidatinnen, verbunden mit der Einladung an die Leserschaft, ein Votum für eine Favoritin abgeben zu können, leistet die Christkindwahl auch einen Beitrag zur sogenannten Leser-Blatt-Bindung: »Meine« Zeitung ermöglicht mir, das Christkind mit zu küren. Natürlich wollen alle später auch »ihr« Christkind begleiten und es der Bürgerschaft immer wieder unter anderen Aspekten nahebringen. So verwundert es nicht, dass bereits über das erste gewählte Christkind Gabriele Bergmann eine »Homestory« erschienen ist. Dass der Fotograf sie für eine Aufnahme in der elterlichen Wohnung bat, Staub zu saugen, sagt vor allem etwas über das immer noch sehr konventionelle Frauenbild der Zeit und nichts über Gabrieles eigentliche Hobbys aus.

Spätestens Mitte der 1980er-Jahre mit der Gründung neuer privater Medien wuchs das Interesse an dieser besonderen Nürnberger Figur erneut an. Überregionale TV-Sender meldeten sich vermehrt zur Berichterstattung. Interviews und Porträts des Nürnberger Christkinds häuften sich. Für Zeitungen, Fernsehen, Radiostationen und Online-Medien erweist sich der Umstand

△ Die Anprobe im Opernhaus (hier im Jahr 2013) ist immer ein mediales Ereignis.

△△ Bereits in der Jury-Sitzung (hier im Jahr 2003) erleben die Bewerberinnen das große Medieninteresse.

△ Christkind Johanna Heller steht in der Bayerischen Landesvertretung in Brüssel Rede und Antwort.

△△ Die Stadtwette der ZDF-Show *Wetten, dass..?* wird im Dezember 2004 von Moderatorin Karen Webb am Jakobsplatz präsentiert. Mit dabei: Christkind Christin Strauber und über 14 Millionen Menschen an den Bildschirmen.

als glücklich, dass alle zwei Jahre die Protagonistinnen wechseln. So gibt es immer wieder Neues zu berichten, neue persönliche Geschichten zu entdecken. Umgekehrt profitiert die Stadt vom medialen Interesse, da mit Beginn der ersten Ausschreibung Aufmerksamkeit für das Christkind und »seinen« Markt erzeugt wird. Eine Win-win-Situation sozusagen. Dabei treten nahezu alle Medien dem Christkind mit Respekt und Wohlwollen gegenüber, auch wenn manche Christkinder später feststellten, dass sie mit manchem Satz zitiert wurden, den sie so gar nicht gesagt hatten. Manchmal versuchen Medienvertreter für eine exklusive Story eine Linie zu überschreiten. Es ist nicht immer ganz einfach auszutarieren, wo die Privatsphäre beginnt. Das Christkind ist eine öffentliche Figur, nicht jedoch die Person, die es verkörpert. Doch die meisten Journalistinnen und Journalisten wissen richtig einzuschätzen, dass sie es mit einer jungen Frau zu tun haben, die nicht sich selbst ins Rampenlicht rücken, sondern nur das Christkind sein will.

»Das Christkind hat eine gewaltige Bedeutung für die Medien«, sagt Isabel Lauer, langjährige Redakteurin der *Nürnberger Zeitung*. Seit 2007 ver-

Christkind Rebbecca Ammon bei seinem Auftritt in der Weihnachtsshow *Das Adventsfest der 100 000 Lichter* mit Florian Silbereisen

Warten auf das Christkind: Zur Eröffnung wird inmitten des Christkindlesmarkts eine eigene Tribüne für die Medien aufgebaut.

tritt sie ihr Blatt immer wieder in der Jury zur Christkindwahl. »Das Christkind ist ein Wohlfühlthema. Bei der Verbindung junges Mädchen, Brauchtum, Charity, Weihnachten, Wettbewerb passt alles zusammen. Das Thema spricht Gefühle, Herz, Optik an und hat viele Pluspunkte, die Medien schätzen. Das ist eine Mischung, die immer noch zieht, auch in der aufgeregten Internetwelt. Es ist auch kein Thema, das man hinterfragen müsste«, meint die erfahrene Journalistin.

Nationale und internationale Medien übertragen bei der Markteröffnung den Prolog des Christkinds. Das *Bayerische Fernsehen* berichtet live. Später liefern *Tagesschau* und *heute* kurze Zusammenfassungen. *Deutsche Welle*, amerikanische, japanische und viele andere Sender berichten weltweit. Die Reichweite des Christkind-Prologs ist kaum zu erfassen. Vertreterinnen und Vertreter mancher TV-Anstalten und Tageszeitungen begleiten für große Reportagen das Christkind von früh bis spät bei seinen Einsätzen.

Das Christkind ist gern gesehener und manchmal schier unverzichtbarer Gast in großen Fernsehsendungen, etwa bei den Adventsshows von Florian Silbereisen oder der *Sternstunden-Gala* des Bayerischen Fernsehens, die traditionell in Nürnberg produziert wird. Ein Redakteur der *Rheinischen Post* wollte für einen großen Beitrag 2001 wissen, ob das Christkind ein Popstar sei. Christkind Marisa Sánchez wehrte den Vergleich augenzwinkernd ab: »Quatsch. Ich werde nicht den Boden unter den Füßen verlieren. Obwohl ich Flügel habe …«

Eva Sattler 2005/06

Zur entscheidenden Wahl fährt Eva Sattler mit dem Fahrrad. Sie kommt an der Frauenkirche vorbei. Sie blickt auf die Empore und sagt sich: »Wenn du es jetzt gut machst, dann kannst du deinen Kindheitstraum verwirklichen.« Sie macht es sehr gut. Unbändige Freude, Überraschung, Erleichterung, Medienrummel – alles vermischt sich nach ihrer Kür zum Christkind.

Von Anfang an geht die 16-Jährige ihr Amt mit Leidenschaft, Herz und großer Überlegtheit an. Bei der ersten Kostümprobe hat sie das Gefühl, dass sie »mit der Gestalt des Christkinds eins wird«. Sie bemerkt, dass sie sich im Ornat anders bewegt. Und sie spricht von sich in der dritten Person: dem Christkind. Sie weiß um die Bedeutung der Figur, die sie nun ist, aber sie trennt die Figur von ihrer eigenen Person.

Ihr ist bewusst, dass sie vor allem mit ihrer Natürlichkeit die Menschen erreicht. Sie verbirgt ihre Tränen nicht, wenn sie mit Menschen in Berührung kommt, denen es schlecht geht. Sie scheut sich aber auch nicht, herzhaft zu lachen, wenn es dafür einen Anlass gibt. Heute sagt sie: »Das Amt lebt davon, dass man Emotionen zulässt.«

Der Besuch bei einer 27-jährigen Wachkoma-Patientin in einem Krankenhaus geht ihr sehr nahe, auch die Begegnung mit einer nur wenige Jahre älteren drogenabhängigen Obdachlosen in der Wärmestube der Caritas, die ihr ihre Lebensgeschichte erzählt. »Da habe ich erfahren: Du weißt nicht, wohin das Leben dich führt. Und ich habe große Dankbarkeit für mein Leben empfunden«, sagt Eva bald 15 Jahre nach ihrer Christkindzeit. Sie arbeitet nach ihrem Betriebswirtschaftsstudium seit Jahren bei einem großen Automobilunternehmen. Für sie ist ihre Amtszeit als Christkind ein »Lehrbuch des Lebens«.

Der Abschied vom Amt fällt ihr schwer, auch wenn noch zwei Jahre als »Auslandschristkind« folgen. Der Trennungsschmerz wäre nicht so groß gewesen, hätte sie geahnt, dass sie 2009 noch einmal einen ganzen Tag lang in das Kleid des Christkinds schlüpfen würde – weil das amtierende *und* das Christkind des Vorjahres krank sind. Einmal Christkind, immer Christkind. Wenn es gerufen wird, ist es da.

Rebekka Volland
2007/08

Ein Jahr vor ihrer Wahl hört sie ihre Amtsvorgängerin Eva Sattler im Rundfunk, als sie über die vielfältigen Aufgaben des Christkinds berichtet. Davon ist sie sehr angetan. Sie beschließt, sich als Evas Nachfolgerin zu bewerben. Monate später schreibt die 16-Jährige einen Brief an das Presseamt, der so beginnt: »Jedes Jahr zur Weihnachtszeit / Macht sich das Christkind für den großen Auftritt bereit. / Viel Arbeit ist damit verbunden / Termine gehen über Stunden / Doch dieses Jahr tritt ein neues Christkind an / Zieht Groß und Klein in seinen Bann / Ein Anschreiben von mir hängt unten an, / in dem ich mich ein wenig vorstellen kann!« Auch dieser Einstieg sorgt dafür, dass sie in die erste engere Wahl kommt.

Nach der endgültigen Kür erlebt sie immer wieder fast »verrückte« und »irreale« Momente: erst der große Medienrummel, dann die Stunden im Theater – »eine ganz andere Welt« – beim Sprechtraining mit Kurt Leo Sourisseaux, schließlich der Tag der ersten Christkindlesmarkteröffnung. Nach dem Ankleiden und der Maske warten vor dem Opernhaus nicht nur das Christkindmobil für die Fahrt zur Frauenkirche, sondern auch eskortierende Polizeiautos.

Im Laufe ihrer Amtszeit sammelt Rebekka säckeweise Wunschzettel. Die Besuche in Krankenhäusern, Behindertenwerkstätten oder der Jugendpsychiatrie empfindet sie als besonders wertvoll. Sie macht auch keinen Hehl daraus, dass sie manchmal danach im Bus weint. In der Retrospektive findet sie es »gut, dass man so jung ist. Zur Aufgabe gehört auch eine gewisse Naivität. Man hat so reagiert, wie man sich gefühlt hat. Es wäre nicht gut, wenn man schon eine super gefasste erwachsene Frau wäre.«

Die zwei Jahre Amtszeit (plus zwei Jahre »Auslandschristkind«) hält sie für genau angemessen. »Man wird älter, manches wird zur Routine, man verwendet Standardfloskeln. Es hat alles gepasst, so wie es war«. Sie ist nach Begegnungen mit ganz unterschiedlichen Menschen nur »dankbar, dass ich gesund bin und eine starke Familie habe«. Es bleibt ein Gefühl von Demut. Nach einem dualen Studium arbeitet Rebekka als Messe-, Kongress- und Eventmanagerin.

Höhepunkt der Weihnachtsmärkte

Das Christkind in Deutschland

Geplant war es im Jahr 1969 nicht. Aber als das »neue« Nürnberger Christkind zunehmend an Popularität (und damit Bedeutung) gewann, meldeten sich aus manchen fränkischen Städten und Gemeinden, aber auch aus ferneren Regionen immer wieder Interessenten, die das Nürnberger Christkind zu einem offiziellen Besuch einluden. Dies ging einher mit dem Trend, dass da und dort – meist angeregt von der kommunalen Wirtschaftsförderung oder lokalen Interessensverbänden – neue Weihnachtsmärkte geschaffen wurden. Vor allem ab den 1970er-Jahren wurden solche traditionellen Veranstaltungen immer beliebter.

Von dem Nürnberger Aushängeschild versprechen sich die jeweiligen Initiatoren besondere Aufmerksamkeit für den eigenen Markt. Und umgekehrt erhofft sich die Stadt von den externen Auftritten einen gewissen Werbeeffekt für Nürnberg und den eigenen Christkindlesmarkt. Es wird weiter unerforscht bleiben, wie viele Menschen den Christkindlesmarkt besuchen, weil sie zuvor an einem anderen Ort das Nürnberger Christkind erlebt haben. Auf jeden Fall macht das Christkind als Botschafterin seiner Stadt positiv auf Nürnberg aufmerksam. Schon das erste gewählte Christkind Gabriele Bergmann wurde nach Berlin entsandt, um einen Weihnachtsmarkt zu eröffnen, war Repräsentantin bei einem neuen Direktflug zwischen Nürnberg und Hannover oder fuhr nach Cham, wobei sie sich erst auf einem Rastplatz in das Christkind verwandelte. Tanja Zimmermann (1985/86) besuchte Weihnachtsmärkte in Düsseldorf und Bonn, Doris Kormann (1987/88) war zweimal in Bochum zu Gast. Die Nachfrage wuchs. Manche Verbindung zu einigen Auftrittsorten besteht inzwischen seit mehreren Jahrzehnten.

Die 50 000-Einwohner-Stadt Rheda-Wiedenbrück gibt es erst seit 1970. Sie ist Ergebnis der damaligen Kommunalreform in Nordrhein-Westfalen.

△ Mit einer Kutsche wird Christkind Birgit Schirlitz mit Betreuer Kurt Prölß am Weihnachtsmarkt in Düsseldorf chauffiert, 1977.

△ Ein Besuch in der Hauptstadt: Christkind Teresa Treuheit vor dem Brandenburger Tor in Berlin, 2015

△△ Empfang mit Nikolaus und Esel: Christkind Inge Eichenseer 1974 auf dem Flughafen Frankfurt/Main

Rheda war protestantisch, Wiedenbrück katholisch geprägt. Der Wiedenbrücker Gewerbeverein hatte 1974 die Idee, einen Weihnachtsmarkt zu kreieren. Man sah das auch als kleinen Beitrag an, um den lokalen Einzelhandel zu beleben und die Bürgerschaft zusammenzuführen. Und man wollte sich abheben von ähnlichen Veranstaltungen in der Region. Deswegen nannten die Initiatoren ihren Markt »Christkindlmarkt« und nicht »Weihnachtsmarkt«, was sonst in diesem Landstrich üblich ist. Was lag da näher, als das Nürnberger Christkind einzuladen? Man schrieb an die Stadt Nürnberg – und hatte auf Anhieb Erfolg. Zuvor hatte das Presseamt allerdings Erkundigungen über Qualität und Charakter des Wiedenbrücker Markts eingeholt. Seit 1977 ist die himmlische Gestalt aus Nürnberg nun alljährlich in Rheda-Wiedenbrück zu Gast. Im Gästebuch des Hotels, in dem die Nürnberger erstmals übernachteten, findet sich der Premiereneintrag: »Viele Grüße und herzlichen Dank und frohe Weihnachten wünscht das Nürnberger Christkindle Birgit Schirlitz.«

Werbekarte für den Christkindlmarkt Wiedenbrück mit persönlicher Widmung vom dortigen Engelchen Lea

Immer wieder gab es in Rheda-Wiedenbrück kleine Veränderungen, 1977 eine spektakuläre. Das Christkind spricht seitdem den Prolog von einer Hebebühne aus, die erst vor den Augen der Besucher in die Höhe gehievt wird, sodass das Christkind wie aus dem Nichts erscheint. Seit den 1980er-Jahren hat Wiedenbrück eine eigene Symbolfigur: das »Wiedenbrücker Engelchen«. Es begleitet als »Assistentin« das Nürnberger Christkind während seines Aufenthalts. Der Rechtsanwalt Peter Henz betreut seit 1989 die fränkischen Delegationen. Er sagt: »Unser Stargast ist das Nürnberger Christkind. Wenn es da ist, ist auf unserem Markt kein Platz mehr zu bekommen. Der Auftritt ist jedes Jahr der absolute Höhepunkt.« Der Wiedenbrücker Christkindlmarkt wurde mehrfach prämiert und genießt in Nordrhein-Westfalen eine Sonderstellung – auch dank des Nürnberger Christkinds.

Dabei sind die auswärtigen Einsätze deutlich in der Minderzahl. 2019 besuchte das Christkind rund zehn Märkte in anderen Orten – bei über 180 Terminen insgesamt. Wo es auch hinkommt, wird es mit Begeisterung aufgenommen. »Für uns ist das Nürnberger Christkind der Hauptgewinn. Es ist Kult«, sagt Melanie Katzenberger, Organisatorin des Schweinfurter Weihnachtsmarkts. Gertraud Schöll, betraut mit dem Weihnachtsmarkt in Allersberg, formuliert es ähnlich: »Das Nürnberger Christkind ist bei uns die ganz große Attraktion. Wenn es kommt, ist der ganze Marktplatz voll.« Und Bernd Albig, seit 20 Jahren mit dem Weihnachtsmarkt im oberfränkischen Gräfenberg beschäftigt, bringt es so auf den Punkt: »Das Nürnberger Christkind ist das große Highlight für das ganze Oberland. Das Christkind ist volksnah, und die Leute spüren das.«

Die Reaktionen auf den Märkten ähneln sich. Anderntags steht in den Zeitungen: »Besuch des Nürnberger Christkinds war der Höhepunkt« oder »Die Herzen im Sturm erobert«. Egal, ob das Christkind auf dem Weihnachtsmarkt am Schadowplatz in Düsseldorf, in Leipzig, Volkach, Wendelstein oder Abenberg auftritt – es gibt allenthalben immer positive Resonanz. So ist es selbstverständlich, dass das Christkind auch bei großen Präsentationen der Stadt in der bayerischen Landesvertretung in Bonn und später auch immer wieder in Brüssel als wichtigste Repräsentantin Nürnbergs auftritt.

Gelegentlich wird das Christkind bei den auswärtigen Auftritten gebeten, einen eigenen Text für den jeweiligen Anlass vorzutragen. Doch die meisten Gastgeber wünschen sich, dass der originale Prolog gesprochen wird, auch wenn die Strophen sich eindeutig auf die Stadt Nürnberg beziehen. Doch längst gehören diese Worte zum Markenkern des Nürnberger Christkinds, sodass man auch abseits der Frankenmetropole darauf nicht verzichten will. ★

Johanna Heller

2009/10

Mit dem Christkindlesmarkt hat sie lange nicht viel am Hut. Im Alter von 15 Jahren überreden sie Freunde, die Eröffnungsfeier zu besuchen. Johanna Heller findet die Zeremonie »sehr ergreifend«. Sie macht sich im Internet schlau, was es mit dem Amt des Christkinds auf sich hat. Die Aufgabe reizt sie. Zwei Jahre später steht sie selbst auf der Empore der Frauenkirche. Dass sie ihre eigene Stimme durch den sich über den Markt verbreitenden Schall ein wenig verzögert hört, ist ungewohnt. Mehr noch überrascht sie der starke Zug des Sicherungsseils am Rücken, sodass sie fast befürchtet, nach hinten umzufallen – was natürlich nicht geschieht. Als alles vorbei ist, spürt sie »Gänsehaut«.

Johanna Heller bemerkt bei ihren Einsätzen, wie sie allmählich zum Christkind wird. Sie versucht, allen gerecht zu werden und Aufmerksamkeit zu schenken. Vor dem Besuch in der Wärmestube hat sie gehörig Respekt – und ist dann begeistert, wie offen sie empfangen wird. In Altenheimen geht sie in den Veranstaltungssälen durch die Reihen und begrüßt alle mit Handschlag. Es berührt sie, dass auch Erwachsene sich gegenüber dem Christkind öffnen. Sie bedauert, dass die Begegnungen oft nur sehr kurz sind.

Sie stürzt sich so sehr in das Amt, dass sie manchmal vergisst, ohne Ornat gerade nicht das Christkind zu sein. Bei der Aftershow-Party der *Sternstunden-Gala* des Bayerischen Fernsehens in der NürnbergMesse winkt sie in ziviler Kleidung von der Rolltreppe freudig den Leuten zu. Das ist ihr in diesem Moment sehr peinlich, doch längst lacht sie darüber. Heute spürt sie eine »große Dankbarkeit«, dass sie diese Erfahrungen machen konnte.

Johanna Heller studiert am Mozarteum Salzburg Elementare Musik- und Tanzpädagogik sowie Oboe. Sie arbeitet in experimentellen Ensembles und als Musiktheater- und Konzertvermittlerin am Staatstheater in Saarbrücken, wo sie mit Ehemann und zwei Kindern lebt. Wenn der Markt in Nürnberg eröffnet wird, wird sie manchmal ein bisschen wehmütig. »Ich denke mit Freude ans Christkind zurück. Nur für einen Termin würde ich gerne einmal die Zeit zurückdrehen«, sagt sie.

Franziska Handke

2011 / 12

In ihrem Fall ist der Großvater verantwortlich. Zwei Tage vor Abgabeschluss ermuntert Opa Valentin seine Enkelin Franziska, sich für das Amt des Nürnberger Christkinds zu bewerben. Bald erfährt sie etwas, womit sie nicht gerechnet hätte: Neid. Mit einer Mitschülerin am Maria-Ward-Gymnasium, die ebenfalls Christkind werden möchte, erlebt sie »unschöne« Situationen. Dies ist alles vergessen, als sie bis in die Runde der letzten sechs Kandidatinnen kommt. Mit den fünf Wettbewerberinnen versteht sie sich recht gut. Dass sie schließlich auch noch gewählt wird – damit rechnet sie nicht. Auch nicht damit, dass nach ihrem ersten Prolog die fünf unterlegenen Kandidatinnen in der Frauenkirche auf sie warten, um sie zu ihrem ersten großen Auftritt zu beglückwünschen.

Dabei ist die Eröffnung irgendwie »unwirklich«. Als sie den Vorspruch beendet hat, ist sie nur unheimlich froh, sich nicht verhaspelt zu haben. Und in diesem Moment beginnt bereits die Vorbereitung für das nächste Jahr: Schon jetzt weiß Franziska, dass sie im zweiten Amtsjahr den Text nicht so schnell und entspannter sprechen wird.

Franziska freut sich auf die Begegnungen mit Kindern, nach einigen Terminen stellt sie aber fest, dass es die Besuche in den Altenheimen sind, die sie oft noch mehr bewegen: »Es ist schön, Menschen, die wegen Alter, Krankheit und Einsamkeit nicht viel Freude haben, ein bisschen Freude bringen zu dürfen.« Auch ihren (anderen) an Parkinson leidenden Opa besucht sie in seinem Heim. Dabei »blüht er richtig auf«. Was sie besonders freut: über den Markt zu laufen und eine Runde mit der Postkutsche zu drehen. Sie erlebt einmal die kürzeste und einmal die längste Amtszeit. Und sie ist das letzte Christkind, das bei »Souri« in die Sprachlehre geht.

Als die offizielle Christkindzeit zu Ende geht, fällt der Abschied nicht schwer. Franziska, heute Agrarwissenschaftlerin, sagt bald zehn Jahre später: »Es war gut so, wie es war. Man hat gelernt und ist daran gewachsen. Man lernt Vorurteile abzulegen und offen auf Menschen zuzugehen. Und man lernt, für das, was man hat, dankbar zu sein.«

CHESAPEAKE

»Christmas Angel«, »Snow Queen«, »Princess«

Das Christkind im Ausland

Von Annamaria Böckel

Würden die Christkinder von jeder ihrer Auslandsreisen die typischen Städteaufkleber als Erinnerung mitbringen, wären ihre Koffer bald ordentlich beklebt. Fragt man sie nach ihren Erlebnissen, fallen verschiedenste Städtenamen. Die eine berichtet von London und Glasgow, die andere von Verona und Barcelona. Mal ist es die NürnbergMesse, mal die Congress- und Tourismus-Zentrale, mal der Airport Nürnberg, die bei Veranstaltungen im Ausland oder zur Eröffnung neuer Flugstrecken die berühmteste Repräsentantin der Stadt »im Gepäck« haben. Und auch in Nürnbergs Partnerstädten ist das Christkind immer wieder gern gesehener Gast. Bei Anfragen aus dem Ausland ist es den Verantwortlichen im Rathaus immer wichtig, dass die Veranstaltungen zum Charakter und zu den Aufgaben der Traditionsfigur passen. »Wir müssen unser Christkind nicht vermarkten«, sagt die ehemalige Betreuerin Edith Kerndler-Hamburger entschieden.

»Christmas Angel«, »Snow Queen« oder »Princess«: Ist das Christkind zu Auftritten in den USA unterwegs, wird es unterschiedlich benannt. Ein wörtlich übersetztes »Christchild« wäre in den USA, wo die Trennung von Staat und Kirche in der Verfassung verankert ist, kaum vorstellbar. Auch wenn dort viele Menschen die Tradition des Christkinds nicht kennen, empfinden sie dennoch den Zauber, der von der Figur ausgeht. Und die Augen der amerikanischen Kinder leuchten genauso wie die der Nürnberger, wenn sie dem Christkind ganz nahe kommen und vielleicht einmal vorsichtig die goldenen Flügel anfassen dürfen.

Die Figur funktioniert im Ausland ähnlich gut wie das Erfolgsmodell deutscher Weihnachtsmarkt. Früh erkannt hat das die Deutsch-Amerikanische

▵ Auch auf der Werbekarte für den Christkindlmarket Chicago ist das Nürnberger Christkind vertreten.

◃ 1996 besucht Sandra Schöttner als erstes Nürnberger Christkind den neuen Christkindlmarket in Chicago. Zur städtischen Delegation gehört auch Kulturreferentin Julia Lehner (oben).

Christkind Eva Sattler nimmt auf einem eigenen Wagen an der Parade zu Thanksgiving teil (unten).

Handelskammer für den Mittleren Westen, die seit 1996 auf dem Daley Plaza in der Millionenstadt Chicago einen Weihnachtsmarkt nach Nürnberger Vorbild erstehen lässt. Holzbuden mit rot-weiß gestreiften Stoffdächern, gebrannte Mandeln, Glühwein, Weihnachtsschmuck – wer den Blick nicht gelegentlich nach oben zu den umstehenden Wolkenkratzern schweifen lässt, könnte glauben, in Nürnberg zu sein. Und um das fränkische Ambiente zu vervollständigen, luden die Veranstalter schon in den Anfangsjahren das Nürnberger Christkind ein, den Markt mit dem Prolog in einer englischen Version zu eröffnen.

Da das vor allem in seiner Heimat in der Adventszeit gefragte Nürnberger Original sich nicht zerteilen kann, entstand eine neue Tradition: Nach dem Ende seiner zweijährigen Amtszeit übernimmt das ehemalige Christkind die Aufgabe, seinen Markt im Ausland zu vertreten. Sandra Schöttner, das Christkind der Jahre 1995 und 1996, war die Erste, die Erfahrungen in den USA sammeln konnte, bereits während ihrer Amtszeit 1996 in Chicago. Sie reiste unter anderem auch zur weltgrößten Schaustellermesse in New Orleans. Bis

»Prologue« des »Christkindlmarket Chicago«

Bei den Auftritten zur Eröffnung des »Christkindlmarket« in Chicago sprachen die Nürnberger Christkinder einen eigenen, von den Veranstaltern getexteten Prolog mit ganz leichten Anklängen an das Original:

Welcome, ladies and gentlemen, boys and girls, people of all ages
Each of you who rests today but works again tomorrow
Everyone enjoy the night and forget about your sorrow
And listen here, to what the Christkind has to say!

Every year, during the season
We decorate the tree and remember the reason
To meet on this plaza, as in years past
To cherish the tradition brought from Nuremberg to last.

Christkindlmarket – This little town of wooden huts
Which brings along lovely smells of gingerbread and roasted nuts
The lights will shortly fade away,
but the glow is always here to stay
As long as Chicago does exist,
as long as you remember it.

Look at the sight of this Old Town:
High buildings rise – fortresses of modern times,
Look at this plaza –
The many faces and in them shines:
Chicago of the people.

The last month of the year has come and thus the night
When wishes are fulfilled and joy in sight.
The market's lights shine brightly to illuminate the way
Where families gather from near and far away

But one last thing – please keep in mind:
It's those in need
Who tell what it means to be kind.

△ Weihnachten in Baltimore: Christkind Teresa Treuheit mit Weihnachtsfiguren, 2016

△ Christkind Rebecca Ammon genießt den Blick übers Wasser in Baltimore, 2019

△ Die (erste weibliche) Bürgermeisterin Shirley Franklin empfängt das Christkind Eva Sattler 2008 in Nürnbergs amerikanischer Partnerstadt Atlanta.

2012 waren ihre Nachfolgerinnen zu Gast in Chicago. Etliche Christkinder nahmen bei manchmal eisigen Temperaturen an der Thanksgiving-Parade der Stadt Chicago teil und ließen sich von mehreren Hunderttausend Menschen zujubeln. Dann wollten die Veranstalter sich und ihren Markt vermutlich nicht nur für wenige Tage mit dem aus Deutschland eingeflogenen Christkind schmücken. So ist es wohl zu erklären, dass sie nach vielen Auftritten ehemaliger Nürnberger Christkinder eine eigene christkindähnliche Figur installiert haben, die seitdem während der gesamten Veranstaltung den Chicagoer Christkindlmarket repräsentiert.

Ohne das Original kann sich hingegen Thomas Bauer seine beiden Weihnachtsmärkte in Philadelphia und Baltimore nicht vorstellen. Der Marketingexperte und USA-Kenner wohnte längere Zeit in Nürnberg und promovierte an der Friedrich-Alexander-Universität. Als er sein Unternehmen German American Marketing gründete, suchte er Kontakt zur Stadt Nürnberg und stieß auf offene Ohren. Nicht nur Glühwein, Bratwürste und Weihnachtsschmuck von Käthe Wohlfahrt sollten den Besucherinnen und Besuchern der Christmas Villages seit 2008 in Philadelphia und seit 2013 in Baltimore deutsches Weihnachtsgefühl vermitteln. »Deutschstämmige Amerikaner kennen das Christkind aus ihrer Kindheit. Es ist spannend zu beobachten, wie die deutschen Traditionen mit ihren Symbolfiguren fortleben«, sagt Thomas Bauer. Nicht von ungefähr hat er seine Märkte an der US-Ostküste gegründet, leben hier doch viele Menschen mit deutschen Wurzeln. Ihnen ist es auch wichtig, ihre Kindheitserinnerungen an die nächste und übernächste Generation weiterzugeben. So kann es schon einmal vorkommen, dass eine gebürtige Würzburgerin, die ihrem als Soldat der US-Army in Franken stationierten Ehemann vor vielen Jahren in seine Heimat gefolgt ist, ihre Kinder zu einem Familienfoto mit dem Christkind zerrt. Und schließlich finden die Teenager, die sich zunächst sehr zieren, das deutsche Mädchen im goldenen Kleid auch irgendwie cool.

Die Eröffnungszeremonien am Wochenende nach Thanksgiving orientieren sich an den jeweiligen Gegebenheiten der beiden Veranstaltungsorte. In Baltimore, der 650 000-Einwohner-Stadt im Bundesstaat Maryland, wo das Christmas Village seine Buden im Inner Harbor aufschlägt, reist das Christkind mit dem Wassertaxi an und wird am Pier von Santa Claus, dem Inbegriff der amerikanischen Weihnacht, in Empfang genommen. In Philadelphia, mit rund 1,6 Millionen Einwohnern in Pennsylvania gelegen, fährt der Nürnberger

Kann das Christkind Wünsche erfüllen? Franziska Handke 2014 in Baltimore an einem künstlichen Christbaum mit Wunschzetteln

Gast in der Kutsche zur Markteröffnung auf dem zentralen Platz an der City Hall vor. Eine Moderatorin begrüßt bei beiden Eröffnungen die Gäste aus Nürnberg – neben dem Christkind eine Vertreterin der Stadt – und führt ein Interview mit dem himmlischen Wesen. Schließlich sollen die Besucherinnen und Besucher wissen, welch besondere Figur die weite Reise aus Deutschland angetreten hat. »I tell you, in Germany the Christkind – the Christmas Angel – is a star!«, heißt es unter anderem in der Vorstellung der Moderatorin. Wie zu Hause in Nürnberg ist der – hier natürlich in Englisch rezitierte – Prolog der Höhepunkt der Zeremonie. Er wird eingerahmt von einem Chor, der deutsche Weihnachtslieder singt. Wenn »Stille Nacht« beziehungsweise »Silent Night« erklingt, sieht man im Publikum gelegentlich vor Rührung feuchte Augen. Manche Träne fließt auch, wenn das Christkind vor der Eröffnung in Baltimore die Lutherische Zion Church mit ihrer deutschen Gemeinde besucht und hier den Prolog auf Deutsch spricht.

Welche Erinnerungen das Nürnberger Christkind an die ursprüngliche Heimat vermittelt, beobachtet Thomas Bauer bei seinen eigenen deutschen

Mitarbeitern. Viele der jungen Leute haben in Nürnberg studiert und sind zur Vorbereitung der beiden Weihnachtsmärkte für viele Monate von zu Hause weg. »Für uns als Team ist die Eröffnung mit dem Christkind immer ein besonderer Anlass«, erklärt Thomas Bauer.

Als Belohnung für zwei Jahre mit dicht gefülltem Terminkalender erleben die »Auslandschristkinder« den Einsatz in den USA mit deutlich weniger Auftritten pro Tag und dafür Zeit für Kultur und natürlich Shoppen fast als Erholung.

Schließt sich, wie in manchen Jahren, noch ein Auftritt in der Nürnberger Partnerstadt Atlanta an, kann aus dem sonst eher kurzen USA-Trip auch ein längerer Aufenthalt werden. So gehörte 2008 das Christkind zu einer großen Delegation mit dem damaligen Oberbürgermeister Ulrich Maly und Wirtschaftsvertretern aus Anlass der »Nürnberg Days« in Atlanta und sprach bei einem Festakt den Prolog. Mittlerweile punktet auch die Partnerstadt Nürnbergs in Georgia mit einem Weihnachtsmarkt nach fränkischem Vorbild. Die German American Cultural Foundation, in der sich etliche deutschstämmige Bürger der Stadt mit rund 490 000 Einwohnern engagieren, verwendet viel Mühe darauf, auf dem Atlanta Christkindl Market Nürnberger Weihnachtsstimmung entstehen zu lassen. Rebecca Ammon hatte hier bei ihrem Besuch 2019 quasi ein doppeltes Heimspiel. Zum einen ähnelt der Atlanta Christkindl Market mit seinen Holzbuden und dem Angebot mit deutschen Weihnachtsartikeln im Kleinen doch sehr dem Nürnberger Original. Zum anderen hatte die Nürnbergerin einige Jahre zuvor in der US-Partnerstadt ein Jahr an der Highschool verbracht. Daher fiel es ihr wie auch den anderen sprachgewandten Christkindern nicht schwer, den US-Medien, die Jahr für Jahr ein besonderes Interesse an dem deutschen Besuch zeigen, Rede und Antwort zu stehen.

Manchmal führt der Weg des Christkinds von den USA aus nur mit kurzem Zwischenstopp in Nürnberg gleich weiter nach Brüssel. Wenn alle zwei Jahre Vertreterinnen und Vertreter der Europäischen Kommission und Journalisten auf Einladung der Europaministerin oder des Europaministers in der bayerischen Landesvertretung bei der Europäischen Union den Nürnberger »Abend im Advent« feiern, darf die berühmteste Weihnachtsfigur aus Bayern nicht fehlen. Sebastian Kramer vom Europa-Büro der Stadt Nürnberg organisiert die Veranstaltung und hat schon manches erlebt. Etwa, dass das Fluggepäck mit Gewand und Krone zunächst nicht ankam und bis kurz vor

der Veranstaltung fieberhaft überlegt wurde, in welchen goldenen Stoff man das Christkind hüllen könnte, ohne die Würde des Amtes zu beschädigen. Sebastian Kramer reist mit einer Delegation, der einige Stadträte, der Wirtschaftsreferent, in manchen Jahren auch der Oberbürgermeister und Vertreter der Europäischen Metropolregion Nürnberg angehören, in die belgische Hauptstadt. Als »riesigen Aufwand« beschreibt er die Vorbereitungen: Schon vor dem Eingang zur bayerischen Vertretung verbreiten zwei Christkindlesmarktbuden Adventsstimmung. Im Innern lassen Wandbespannungen, die mit einem überdimensionalen Foto des Nürnberger Markts bedruckt sind, die Gäste fast vergessen, dass sie mehrere Hundert Kilometer weit weg sind vom Original. Das Programm gestalten unter anderem Musiker der Nürnberger Staatsoper und natürlich das Christkind mit seinem Prolog. »Die Veranstaltung zieht und funktioniert gewaltig«, sagt Sebastian Kramer. Besonders beeindruckt ist er davon, mit welcher Professionalität und Geduld die Christkinder den anschließenden Fotomarathon bewältigen. Denn auch in Brüssel ist zu beobachten, dass sich jeder und jede, egal ob Politikerin oder Journalist, ein Foto mit dem Christkind wünschen. ★

◁ Den Prolog spricht Christkind Teresa Treuheit 2016 aus einem Turmfenster im Rathaus von Philadelphia – stimmungsvoll angestrahlt von zwei kleinen Scheinwerfern aus dem Innenraum.

Teresa Treuheit

2013/14

»Wenn man etwas will, muss man darum kämpfen«, sagt sich Teresa Treuheit. Also bewirbt sie sich erneut, nachdem es beim ersten Mal nicht geklappt hat. Zwei Jahre lang studiert sie ihre Vorgängerin. Sie weiß, was auf sie zukommt.

Sie ist 18 Jahre alt, als sie zum Nürnberger Christkind gewählt wird. Im Nachhinein ist sie »echt froh«, dass sie erst zu diesem Zeitpunkt gekürt wird: »Ich weiß nicht, ob ich das, was dann auf mich zukam, schon zwei Jahre zuvor hätte schaffen können.«

Die Wochen bis zur Eröffnung sind »extrem spannend«. Termine mit Medien, Anprobe im Theater, eine neue Perücke (»gefühlt bis zur Hüfte lang«), Sprechtraining. Als es dann ernst wird, ist die Anspannung doch eine besondere. Am Tag der Eröffnung des Christkindlesmarkts glaubt sie kurz vor dem Ereignis Passagen des Prologs vergessen zu haben, auch wenn sie weiß: »Man kann den Text eigentlich im Schlaf.« Mobile Recherche über das Smartphone sorgt wieder für Sicherheit. Und dann, kurz vor der Eröffnung, das schier endlose Stehen auf der Empore, ehe der Vorhang fällt. Eine Ewigkeit, die nicht verstreichen will. Und dann geht – selbstverständlich – alles gut. Der einsetzende Regen stört auch nicht.

Im »Christkind-Alltag« berühren Teresa die Begegnungen mit Kindern und älteren Menschen besonders. Als sie in einem Heim einem demenzkranken Mann gegenübersteht, beginnt er zu schreien. Später erfährt sie von Pflegekräften, dass dies ein Zeichen der Freude sei. In einem Jahr hat Teresa 176 Termine. Einen wird sie ihr Leben lang nicht vergessen: Bei einer Weihnachtsfeier mit Obdachlosen kommt ein Teilnehmer auf sie zu und sagt: »Ihr richtiger Name klingt wie Treue und Hoheit.«

Sie ist keinen Tag krank, will »keinen Moment verpassen«. Der Abschied fällt schwer. »Ich wäre sofort wieder Christkind«, sagt sie fast zehn Jahre später. In ihren Amtsjahren kommt sie mit vielen Medienvertretern in Kontakt und stellt irgendwann fest, »dass das etwas für mich sein könnte«. Sie macht Praktika beim *Bayerischen Rundfunk* und bei *Radio Gong*, studiert »Angewandte Medien«. Seit Herbst 2020 volontiert sie bei *RTL* in Hamburg.

Barbara Otto
2015/16

Barbara beteiligt sich schon im Kindergarten gern am Krippenspiel. Wenige Jahre später begleitet sie als kleiner Engel den Nürnberger Max Wokurka bei seinen Einsätzen für wohltätige Zwecke als Nikolaus. Der Weg zum Nürnberger Christkind scheint vorgezeichnet. Mit 16 Jahren fühlt sich Barbara aber noch nicht reif genug. Also bewirbt sie sich erst zwei Jahre später: »Da konnte ich es viel entspannter angehen.« Mit Gelassenheit absolviert sie die Jury-Befragung. Und als sie gewählt ist, sagt sie sich innerlich: »Okay, das verändert jetzt mein ganzes Leben.«

Zu dem Zeitpunkt liegt ihr Abitur erst wenige Monate zurück. Sie ist froh, viel Zeit für die Vorbereitung auf die große Aufgabe zu haben. Der Tag der Eröffnung vergeht wie im Flug. Nach dem traditionellen Brunch mit Familie und Medien wartet erstmals der Christkindbus auf sie. Im Theater geht sie mit Schauspieler Thomas L. Dietz noch einmal den Prolog durch. Beim Abschied aus dem Opernhaus recken ihr die Kinder von Mitarbeitern die ersten Wunschzettel entgegen. Auf der Empore der Frauenkirche spürt sie beim Prolog die erwartungsvolle Stille auf dem Markt. Die zahlreichen Blitzlichter in der Dunkelheit irritieren sie nicht. Und danach nur noch »große Erleichterung, dass alles fehlerfrei geklappt hat«.

In ihrer Amtszeit erlebt sie viele berührende Momente. Etwa wenn ein Kind fragt, ob sie seine verstorbene Oma kenne. Oder der Besuch in der Straßenambulanz, Anlaufstelle für viele Obdachlose. Musiker sind als Nikolaus verkleidet. Plötzlich ruft die blinde Sängerin: »So, und jetzt tanzen wir den Schneewalzer« – was auch geschieht.

Der Abschied vom Amt fällt ihr zunächst schwer. »Das Christkind ist ein großer Teil von mir geworden. Aber man merkt auch, dass es irgendwann abgeschlossen ist«. Dem Thema bleibt sie weiter verbunden. Sie studiert Betriebswirtschaftslehre. In ihrer Abschlussarbeit beschäftigt sie sich mit einer Befragung der Besucherinnen und Besucher des Christkindlesmarkts, wertet Daten wie Alter und Herkunft der Gäste aus. Danach startet sie ihre Berufslaufbahn bei einem großen Meinungsforschungsinstitut.

Christkindlesmarkt Nürnberg
4. - 24. DEZEMBER 1968

Christkindles-Markt
Nürnberg
25.11.-24.12.1977

Christkindlesmarkt
Nürnberg
27. November bis 24. Dezember 1981

Christkindlesmarkt
NÜRNBERG
30. November bis 24. Dezember 1984

Schlusswort

Die beispiellose Geschichte des Nürnberger Christkinds ist bald 90 Jahre alt. Zunächst kreiert als inszenatorisches Highlight der Eröffnung des Christkindlesmarkts, hat sich schier evolutionär eine Multifunktionsfigur entwickelt, die Dinge vereint, die scheinbar nicht zusammenpassen.

Einerseits ist das Christkind als Galionsfigur des Christkindles*markts* Werbeträgerin und Aushängeschild einer zweifelsohne dem wirtschaftlichen Erfolg verpflichteten Veranstaltung. Die Händler jedes Markts wollen Geschäfte machen. Der Markt spielt auch eine nicht unbedeutende Rolle im Hinblick auf den Nürnberg-Tourismus.

Andererseits ist das Christkind seit Jahrzehnten mehr als nur eine verkaufsfördernde Figur. Mit der Wahl seit 1969 ist es auch in der Bürgerschaft fest verwurzelt, es bietet ein Stück Identifikation. Es handelt sich schließlich um »unser« Christkind, das aus der Nachbarschaft stammen könnte. Besonderen Stellenwert haben die zahlreichen sozialen Aufgaben, die es in zunehmendem Maß wahrnimmt. Aus den Besuchen von Kindertagesstätten, Behinderteneinrichtungen, Seniorenheimen, Krankenhäusern oder Obdachlosentreffs bezieht das Christkind seine Kraft und seine hohe Glaubwürdigkeit. Das unterscheidet die Figur auch wesentlich von Bier-, Spargel- oder Weinköniginnen, bei denen es ausschließlich um die Promotion des jeweiligen Produkts geht. Die große karitative Seite des Christkinds macht es zum herausragenden Sympathieträger und zu einer unverwechselbaren Botschafterin der Stadt und des Markts.

Bei den unzähligen Begegnungen mit Menschen ganz unterschiedlicher Herkunft und Biografien ist das Christkind Seelentrösterin, Kummerkasten, Freudenbringerin und Sozialarbeiterin. Das Christkind ist eine Reisende in Sachen Hoffnung und Nächstenliebe. Es ist Projektionsfigur für manche Sehnsüchte.

Das Nürnberger Christkind ist längst eine Marke. Das fast ikonenhafte Aussehen mit goldenem Ornat, blond gelockter Perücke und Krone, die zahlreichen Auftritte und das klare Profil sorgen dafür. Dass dies auch das Markenzeichen des Christkindlesmarkts prägt, ist nur folgerichtig.

An der Entwicklung und Betreuung des Christkinds haben viele Menschen Anteil. Das Christkind ist eingebunden in ein Team, das nach außen so gut wie nicht in Erscheinung tritt. Alle Beteiligten sind mit Freude dabei, das Christkind nach Kräften zu unterstützen. Eine besondere Rolle kommt den Familien der Protagonistinnen zu. Ohne ihren Rückhalt wäre manches nicht zu leisten.

Das Nürnberger Christkind ist das schönste Ehrenamt, das die Stadt Nürnberg zu vergeben hat. Die einmalige Figur hat für Nürnberg eine ganz besondere Bedeutung. Zum Leben erwecken sie erfüllte junge Frauen, die all ihr Herzblut vergießen. Dabei verkörpern sie die Vielfalt, die in der Figur des Christkinds steckt. Sie bringen mit viel Leidenschaft und Empathie ihre ganze Persönlichkeit ein. Sie sind authentisch, nahbar und den Menschen zugewandt. Das Christkind Marisa Sánchez sagte einmal: »Christkind spielt man nicht, sondern man ist es.«

Das Christkind ist eine Illusion, die Realität wird. Es strahlt einen wahren Zauber aus. Das Christkind gibt es natürlich nicht wirklich. Na ja, in Nürnberg schon. ★

Rebecca Ammon
2017/18

Den Prolog lernt sie schon als Kind auswendig, bei Weihnachtsfeiern fungiert sie als Begleitengel des Nikolaus. Ihre Bewerbung zum Nürnberger Christkind geht sie langfristig an. Ein Jahr zuvor sammelt sie alle Zeitungsartikel zum Christkind. In der Jurysitzung ist sie »relativ entspannt«, aber es gibt einen Moment, in dem sie denkt, dass sie keine Chance mehr hat. Auf die Frage, welche Veranstaltung ein Nürnberg-Tourist besuchen sollte, empfiehlt sie die »Blaue Nacht«. Alle anderen Mitbewerberinnen nennen: den Christkindlesmarkt. Der Wahl Rebeccas steht dies nicht im Wege.

Wie viele ihrer Vorgängerinnen empfindet Rebecca gerade die »schwierigen« Besuchstermine als jene, bei denen sie als Christkind am meisten bewirken kann. Ein schwerkrankes Mädchen in einer Kinderklinik vergisst beim Erscheinen des Christkinds, dass es große Bauchschmerzen hat. Ein dementer Bewohner eines Heims, der seit Monaten kein Wort gesprochen hat, wünscht seiner Pflegerin überraschend »frohe Weihnachten«. Die Kinder haben es Rebecca besonders angetan. Sie liebt es, bei der Märchenstunde im Sternenhaus aus ihrem »Goldenen Buch« Geschichten vorzulesen.

Viele Erlebnisse bleiben für sie unvergessen. Natürlich der erste Prolog zur Eröffnung, aber auch ein Adventsfest im Nürnberger Stadion, bei dem Tausende gemeinsam Weihnachtslieder singen, und die Begegnung in einem Kindergarten mit einem dreijährigen Verehrer, der ihre Hand ergreift und sagt: »Christkind, ich lieb dich fei.« Rebecca geht das Herz auf. Der Abschied vom Amt fällt ihr schwer. Sie verspricht: »Falls irgendwann ein Christkind ausfällt: Ich bin zur Stelle.«

Rebecca wäre das einzige Christkind gewesen, das nach der Zeit als Himmelsbotin tatsächlich geflogen wäre. Nach dem Abitur macht sie 2019 bei der Lufthansa eine Ausbildung als Flugbegleiterin. Sie schließt erfolgreich ab. Dann beginnt die Corona-Pandemie. Eine Einstellung als Stewardess ist aussichtslos. Die Erfahrungen als Christkind mit den Medien bestärken sie bei ihrer Entscheidung 2020, ein Studium der Kommunikationswissenschaft, Amerikanistik und Anglistik zu beginnen.

Benigna Munsi

2019/20

Die Eltern legten ihr wohl schon bei der Namensgebung das künftige Ehrenamt in die Wiege: Benigna wird vom lateinischen »Benignitas« abgeleitet, was Güte, Milde oder Gutartigkeit bedeutet. Allesamt vortreffliche Eigenschaften, wenn man Christkind werden will. Benigna Munsi wünscht sich dies, seit sie als kleines Kind im Sternenhaus erstmals dem Nürnberger Christkind begegnet ist. Einige Jahre später verzaubert sie selbst im Sternenhaus Buben und Mädchen.

Im Alter von 17 Jahren bewirbt sie sich und überzeugt die Jury. Bald erlebt sie eine Anfeindung der besonderen Art, der sie mit Bravour begegnet. Benigna ist die Tochter einer deutschen Kirchenmusikerin und eines indischen IT-Experten. Ein (oberbayerischer) Vertreter einer Rechtspartei kommentiert die Wahl mit einem rassistischen Post. Innerhalb kürzester Zeit erfährt Benigna in einem »Candystorm« eine Welle der Sympathie und des Zuspruchs.

Bei der Eröffnung des Markts nimmt sie den Ratschlag einiger Vorgängerinnen »sehr ernst«, die meinen: »Du musst es genießen!« Benigna folgt der Empfehlung: »Ich habe alles aufgenommen: die Gerüche, die Geräusche, die Kälte, die man nicht mehr spürt, die Musik. Es war richtig schön.« Bei den nachfolgenden Terminen ist sie immer wieder erstaunt, »was das Christkind allein durch seine Erscheinung bewirken kann.«

Benigna kann wegen der Corona-Pandemie nur im Jahr 2019 Menschen treffen und allen »normalen« Christkind-Verpflichtungen nachkommen. Traurige Premiere in der langen Geschichte der Christkinder. Die Nachricht von der Absage des Christkindlesmarkts 2020 (und damit auch aller anderen Besuche und Einsätze) erfährt sie, als sie bei Thomas L. Dietz zum Training ist, um den Prolog neu zu proben. Sie nimmt das Aus mit Professionalität auf. Und bereitet sich bald auf eine andere Premiere vor: Auf den Seiten von christkindlesmarkt.de gestaltet sie einen digitalen Adventskalender. Jeden Tag öffnet sich ein Fenster und das Christkind liest Geschichten und Gedichte vor oder liefert zur Freude der Netzgemeinde kleine Bastelanleitungen. Zu dem Zeitpunkt hat Benigna das Abitur längst hinter sich und ein Schauspielstudium aufgenommen.

Die Christkinder seit 1948

1948–1960 (und 1964)	Sophie Keeser ▹ S. 20
1961–1968 (außer 1964)	Irene Brunner ▹ S. 21
1969/70	Gabriele Bergmann ▹ S. 36
1971/72	Gudrun Bauer ▹ S. 37
1973/74	Inge Eichenseer ▹ S. 46
1975/76	Michaela Kraus ▹ S. 47
1977/78	Birgit Schirlitz ▹ S. 62
1979/80	Ruth Klinger ▹ S. 63
1981/82	Heike Steinbauer ▹ S. 72
1983/84	Claudia Stühler ▹ S. 73
1985/86	Tanja Zimmermann ▹ S. 82
1987/88	Doris Kormann ▹ S. 83
1989/90	Sandra Niederberger ▹ S. 96
1991/92	Andrea Bieg ▹ S. 97
1993/94	Barbara Zillgens ▹ S. 112

1995/96	Sandra Schöttner ▹ S.113
1997/98	Katrin Urschel ▹ S.136
1999/2000	Stephanie Jank ▹ S.137
2001/02	Marisa Sánchez ▹ S.146
2003/04	Christin Strauber ▹ S.147
2005/06	Eva Sattler ▹ S.154
2007/08	Rebekka Volland ▹ S.155
2009/10	Johanna Heller ▹ S.162
2011/12	Franziska Handke ▹ S.163
2013/14	Teresa Treuheit ▹ S.174
2015/16	Barbara Otto ▹ S.175
2017/18	Rebecca Ammon ▹ S.180
2019/20	Benigna Munsi ▹ S.181

Einige Christkinder haben seit ihrer Heirat längst andere Namen. Hier werden nur ihre Mädchennamen aufgeführt, mit denen sie als Nürnberger Christkinder bekannt wurden.

Chronik des Christkindlesmarkts

1530 In einem Brief des Nürnberger Ratsherrn und Humanisten Willibald Pirckheimer (1470–1530) heißt es, die Nonnen aus dem Kloster Bergen nahe Hersbruck – einer Außenstelle des Klosters Neuburg an der Donau – haben im Advent »nach Gewürzen von dem Markt« geschickt. Vermutlich war hier die Rede vom Nürnberger Markt.

1545 Der Reformator Martin Luther lässt seine Kinder vom »Heiligen Christkind« bescheren. Bislang hatten Kinder ihre Gaben vom Heiligen Nikolaus bekommen.

1564 Der Nürnberger Patrizier Endres Imhoff trägt unter dem Datum vom 22. Dezember Ausgaben für Geschenke ein, die er noch ein Jahr zuvor erst nach Weihnachten gemacht hat. Solche Mitteilungen legen die Vermutung nahe, dass das Nürnberger Patriziat ab 1564 an Weihnachten statt Neujahr beschert haben könnte.

1610 Mit einem Ratserlass vom 22. Dezember werden unzüchtige Scherzartikel beschlagnahmt, die ein Drechsler zum »Kindleinsbescheren« angeboten hatte.

1616 In der Chronik von St. Sebald beklagt Pfarrer Lüder am Heiligen Abend, dass er die Vesper- und Nachmittagspredigt ausfallen lassen musste, weil »wegen des Einkaufens zum Kindleinsbescheren keine Leut vorhanden gwest«.

1628 Auf dem Boden einer 19 Zentimeter langen, ovalen und mit Blumen bemalten Spanschachtel aus Nadelholz – sie ist im Besitz des Germanischen Nationalmuseums – steht: »Regina Susanna Harßdörfferin von der Jungfrau Susanna Eleonora Erbsin (oder Elbsin) zum

Kindles-Marck überschickt 1628«. In dieser Schachtel befinden sich zwölf Seidenstränge unterschiedlicher Stärke, die den originalen Inhalt darstellen. Sie wurde wohl 1628 auf dem Markt samt Inhalt angeboten. Die Beschriftung der Spanschachtel gilt als ältester Nachweis der Existenz des Nürnberger Christkindlesmarkts.

1697 Der Altdorfer Universitätsprofessor Johann Christoph Wagenseil nennt in der zweiten, lateinisch gedruckten Stadtgeschichte *De ... Civitate Noribergensi Commentatio ...* den »Christkindleinsmarck«.

1729 Der Rat lehnt den Vorschlag eines Goldschmieds ab, eine Lotterie auf dem Markt zu veranstalten. Damit sollte der Entwertung dieser Messe zur Weihnachtszeit entgegengesteuert werden.

1737 Eine Liste gibt wertvolle Hinweise auf die Marktbeschicker. Sie zeigt, dass fast alle Nürnberger Handwerker in der Budenstadt vertreten waren. 140 Personen waren damals berechtigt, Waren feilzubieten.

1898 Der Christkindlesmarkt muss seinen angestammten Platz auf dem Hauptmarkt verlassen. Er wird auf die Insel Schütt verlegt.

1919 Ein neuer Standort tut sich am Gewerbemuseumsplatz auf.

1923 Der Markt wird weiter verdrängt. Die Händler müssen in die Räume des gerade leer stehenden Verkehrsmuseums umziehen.

1933 Der Christkindlesmarkt kehrt auf seinen angestammten Platz am Hauptmarkt zurück. Er wird am 4. Dezember mit einem neuen Zeremoniell eröffnet. Eine als Christkind kostümierte Schauspielerin rezitiert einen Vorspruch, Kinderchöre singen, Kirchenglocken läuten.

1939–1944 Während des Zweiten Weltkriegs findet kein Christkindlesmarkt statt.

1945 An der Veit-Stoß-Anlage im Stadtteil Gostenhof werden wenige Buden mit einem überschaubaren Angebot aufgebaut.

1946 & 1947 findet auf einer Freifläche am Frauentorgraben ein bescheidener Markt statt.

1948 In der zerstörten Altstadt wird der erste Markt nach dem Krieg abgehalten. Das Eröffnungszeremoniell bleibt fast unverändert. Friedrich Bröger verfasst einen neuen Prolog für das Christkind, das damit den Markt eröffnet. Das Christkind wird von der Schauspielerin Sophie Keeser von den Städtischen Bühnen (damals: Stadttheater Nürnberg/Fürth) dargestellt. Sie wird diese Aufgabe in insgesamt 14 Jahren übernehmen.

1961 In der Rolle des Christkinds wird Sophie Keeser von ihrer Schauspielkollegin Irene Brunner abgelöst.

1969 Erstmals findet eine Wahl für das Nürnberger Christkind statt. Bewerben können sich Mädchen im Alter zwischen 16 und 19 Jahren, die mindestens 1,60 Meter groß, schwindelfrei und in Nürnberg zu Hause sind. Die Amtszeit wird auf zwei Jahre festgelegt.

1973 Der Stadtrat beschließt, die Eröffnung des Christkindlesmarkts vom 4. Dezember (Barbaratag) auf den letzten Freitag vor dem 1. Advent vorzuverlegen. Er will damit erreichen, dass sich der Besucherstrom besser verteilt. Die Zahl der Gäste in der Budenstadt überschreitet erstmals die Rekordmarke von einer Million Menschen. Ab den 1990er-Jahren zählt der Markt mehr als zwei Millionen Besucher jährlich.

1986 Erstmals gibt es hinter dem neuen Rathaus auf dem Rathausplatz einen »Markt der Partnerstädte«. Hier werden Spezialitäten aus Nürnbergs Partnerstädten und befreundeten Regionen angeboten.

1996 Ein erstes Logo des Christkindlesmarkts wird als Wort-Bild-Zeichen entwickelt, ein Jahr später der Name »Nürnberger Christkindlesmarkt« auch als Wortzeichen markenrechtlich geschützt.

1996 Der Christkindlesmarkt geht online: Das www-Büro der Stadt informiert erstmals mit der Website christkindlesmarkt.de über die Veranstaltung. Wenige Jahre später übernimmt der Verlag Nürnberger Presse (nordbayern.de) die Seite. Seither werden die Inhalte in Partnerschaft mit der Stadt Nürnberg und der Congress- und Tourismus-Zentrale entwickelt.

1999 Wenige Wochen vor Beginn des 950. Stadtjubiläums im Jahr 2000 öffnen auf dem Hans-Sachs-Platz erstmals die »Nürnberger Kinderweihnacht« mit historischen Fahrgeschäften und das »Sternenhaus« im Heilig-Geist-Saal, wo das Christkind regelmäßig zu Gast ist, um Kindern Weihnachtsgeschichten vorzulesen.

2012 Der Christkindlesmarkt bekommt ein neues Logo in Form eines stilisierten Christkinds, das als Wort-Bild-Zeichen geschützt ist.

2020 Der Christkindlesmarkt fällt wegen der Corona-Pandemie aus. Das Nürnberger Christkind kann keine Einrichtung besuchen. Es bereitet aber mit einem digitalen Adventskalender, in dem es täglich Weihnachtsgeschichten und Gedichte vorliest oder auch kleine Bastelideen vorstellt, vielen Menschen eine kleine vorweihnachtliche Freude.

Literaturverzeichnis

Hans Max von Aufsess: Nürnberger Christkindlesmarkt, Nürnberg 1975

Manfred Balbach (Hrsg.): Nürnberger Christkindlesmarkt, Nürnberg 1991

Lydia Bayer: Woher stammt der Nürnberger Rauschgoldengel?, Sonderdruck aus: *Nürnberger Altstadtberichte* Nr. 8, hrsg. von den Nürnberger Altstadtfreunden e. V., Nürnberg 1983

Annamaria Böckel: Voller Terminkalender für himmlisches Wesen, in *Nürnberg Heute*, Nummer 77, S. 39–43

Annamaria Böckel: Ein zauberhaftes Wesen, in: *Nürnberg Heute*, Nummer 107, Winter 2019, S. 16–23

Matthias Klaus Braun: Hitlers liebster Bürgermeister: Willy Liebel (1897–1945), Nürnberger Werkstücke zur Stadt- und Landesgeschichte, Band 71, Nürnberg 2012

Wolfgang Buhl (Hrsg.): Der Nürnberger Christkindlesmarkt, Würzburg 1976

Michael Diefenbacher, Rudolf Endres (Hrsg.): Stadtlexikon Nürnberg, Nürnberg 2000

Regine Franzke (Hrsg.): Christkindlesmarkt zu Nürnberg, Nürnberg 2005

Susanne von Goessel-Steinmann: Himmlische Boten. Nürnberg und seine Rauschgoldengel, Schriften des Spielzeugmuseums Nürnberg, Band 6, Nürnberg 2004

Hartmut Heller: Der Nürnberger »Christkindlesmarkt«. Entwicklungsgeschichte, Teilelemente und Funktionen, in: *Frankenland. Zeitschrift für fränkische Geschichte, Kunst und Kultur*, 72. Jahrgang, Heft 4, 2020

Egon Helmhagen, Franz Ströer: Nürnberg im Zauber des Christkindlesmarktes, Nürnberg 1991

Stephanie Jank: »Und wer da kommt, der soll willkommen sein«. Das Nürnberger Christkind als Repräsentationsfigur eines weltberühmten Weihnachtsmarktes, unveröff. schriftliche Hausarbeit zur Ersten Staatsprüfung für das Lehramt an Grundschulen an der Erziehungswissenschaftlichen Fakultät der Friedrich-Alexander-Universität Erlangen-Nürnberg, 2006

Renate Jost: Das göttliche Mädchen: Jesus als das Weiblich-Göttliche in Vergangenheit und Gegenwart, Berlin 2019

Wilhelm Kunze: Das Nürnberger Christkind, in: *Fränkischer Kurier* vom 24./25. Dezember 1937

Herbert Maas: Wou die Hasen Hoosn und die Hosen Huusn haaßn. Ein Nürnberger Wörterbuch, Nürnberg 2001, 7. Auflage

Herbert Maas: Asuu und ned andersch, Nürnberg 1991

Horst Mayer: Der Christkindlesmarkt zu Nürnberg, Stein bei Nürnberg, o. J. (ca. 1989)

Matthias Morgenroth: Weihnachts-Christentum – Moderner Religiosität auf der Spur, Gütersloh 2002

Ralf Nestmeyer: Zwei Engel für Liebel, in: *Die Zeit*, Nr. 49, 27. November 2003

Steffen Radlmaier (Hrsg.): GoldRauschEngel – Das Buch zum Fest, Cadolzburg 1996

Walter Schatz: Im Dunkel der Geschichte, Manuskript, o. J., o. O.

Werner Schultheiß: Nürnberger Christkindlesmarkt und Thomastag. Neue

Forschungen über den Ursprung des Zaubers der Weihnacht in der alten Noris, in: *Nürnberger Zeitung* Nr. 291, 16.12.1954, S. 7

Werner Schultheiß: Christkindlesmarkt und Weihnachtsbescherung: zwei Schöpfungen des Luthertums in der Reichsstadt Nürnberg, in: *Zeitschrift für bayerische Kirchengeschichte,* 32 (1963), S. 173–182

Karl Stritzke: Es war einmal. Nürnberger Sagen und Geschichten, zweiter unveränderter Nachdruck der 5. Auflage, Nürnberg 1983

Norbert Treuheit (Hrsg.): Christkindlesblues. Fränkische Geschichten und Gedichte zum Fest, Cadolzburg 2016

Siegfried Zelnhefer: Die historische Kulisse. Bild und Selbstbild der Stadt Nürnberg, in: Unterm Hakenkreuz. Alltag in Nürnberg 1933–1945, hrsg. vom Centrum Industriekultur, München 1993

Ganzseitige Bilder

Bildnachweis

Archiv Altstadtfreunde Nürnberg (S. 24 u., 25)
Archiv Götz/Repro Mark Johnston (S. 66, 122 o.)
Frank Boxler/AP (S. 106 re.u.)
christkindlesmarkt.de (S. 36, 37, 46, 62)
Mile Cindrić (S. 108 li. o.)
Congress- und Tourismus-Zentrale, CTZ Thomas Langer/CTZ (S. 114); Uwe Niklas/CTZ (S. 18, 19 o., 19 u.); Steffen Oliver Riese/CTZ (S. 31 o., 33 u., 42); Florian Trykowski/CTZ (S. 10, 31 u., 32 o., 32 u., 33 Mitte)
Germanisches Nationalmuseum, Nürnberg (S. 12)
Hans Heubeck (S. 111)
Felix Kindermann/Bayerische Landesvertretung (S. 122 u., 151 u.)
Medienwerkstatt Franken (S. 60 li., 60 re.)
Privat (S. 43 re., 58 re., 73, 98, 119 o., 132, 142, 158, 160, 166 re. o., 166 u., 168 re.u.)
Thomas Scherer (123 re. o.)
Stadtbibliothek Nürnberg (Repro S. 15 o.)
Stadtarchiv Nürnberg (S. 15 u., StadtAN A 55-IV-11-2-9; S. 17, StadtAN A 39/I Nr. 308-K; S. 20, StadtAN A 39/Nr. 559-D; S. 21, StadtAN A 41/II Nr. LR-745-F4-3A; S. 24 o., StadtAN A 38 Nr. K-84-5; S. 43 li., StadtAN A 39/I Nr. 467-D; S. 47, StadtAN A 40 Nr. L-1997-C-20; S. 63, StadtAN A 40 Nr. L-2923-23; S. 67 li. o., StadtAN A 38 Nr. K-84-5; S. 67 re. o., StadtAN A 54 Nr. LV-695-F2-15; S. 67 li.u., StadtAN A 40 Nr. L-5002-31a; S. 67 re.u., StadtAN A 40 Nr. L-5720-F1-4a; S. 68 o., StadtAN A 39/I Nr. 559-D; S. 72, StadtAN A 40 Nr. L-3475-2a; S. 76, StadtAN C 29 Nr. 722-3; S. 78 re. o., StadtAN A 54 Nr. LV-120-B-F2-7; S. 78 re. Mitte, StadtAN A 40 Nr. L-6476-23a; S. 95, StadtAN C 21/VII Nr. 18; S. 118 u., StadtAN A 40 Nr. L-2020-F2-13; S. 119 Mitte, StadtAN A 40 Nr. L-6346-32; S. 121, StadtAN A 54 Nr. LV-804-F2-5; S. 159 o., StadtAN A 54 Nr. LV-613-F2-4)
Stadt Nürnberg (S. 82, 83, 96, 97, 112, 113, 136, 137)
Stadt Nürnberg/Christine Dierenbach (S. 22, 28, 33 o., 38, 45, 55 o., 55 u., 56/57, 59 li., 59 re., 64, 68 u./Repro, 70, 71, 74, 77, 78 re.u., 79, 80, 84, 88/89, 108 Mitte, 104, 109 o., 109 u., 125, 126, 127 u., 128 o., 128 u., 130 li., 130 re. o., 130 re.u., 131, 134/135, 138, 140 u., 146, 147, 148, 150 u., 151 o., 153, 154, 155, 162, 163, 174, 175, 180, 181)
Stadt Nürnberg/Birgit Fuder (S. 127 o.)
Stadt Nürnberg/Norbert Schürgers (S. 166 li. o.)
Stadt Nürnberg/Ursula Wagner (S. 164, 168 o., 168 li.u., 170, 172)
Stadt Nürnberg, Wirtschaftsreferat, Marktamt und Landwirtschaftsbehörde (S. 8, 176)
Stadt Nürnberg, Marktamt und Landwirtschaftsbehörde (S. 31 Mitte)
Verlag Nürnberger Presse, VNP (S. 29, 58 li., 118 o.); Wilhelm Bauer/VNP (S. 61); Harald Baumer/VNP (S. 159 u.); Rudolf Contino/VNP (S. 156); Günter Distler/VNP (123 u.); Hans von Draminski/VNP (S. 106 li.u.); Roland Fengler/VNP (S. 108 u.); Gertrud Gerardi/VNP (S. 116, 117); Hagen Gerullis/VNP (S. 150 o.); Erich Guttenberger/VNP (S. 119 u.); Stefan Hippel/VNP (S. 145); Hans Kammler/VNP (S. 50/51, 118 Mitte); Horst Linke/VNP (S. 140 o.); Michael Matejka/VNP (S. 106 o., 120 li., 133); Florentine Schlagintweit/VNP (S. 78 li.u.); Friedl Ulrich/VNP (S. 48, S. 78 li. o.); Eduard Weigert/VNP (S. 103, 120 re.)
VAG Verkehrs-Aktiengesellschaft (S. 101, 105)
Reini Zichy (S. 152)

In wenigen Fällen konnten die Urheber der Fotos nicht eindeutig ermittelt werden. Entsprechende Hinweise werden unter info@arsvivendiverlag.de erbeten.

Dank

Mein herzlichster Dank gebührt allen Nürnberger Christkindern seit 1961, mit denen ich für dieses Buch sprechen konnte. Sie haben mir nicht nur ihre Erlebnisse anvertraut, sondern auch manchen Gedankenanstoß gegeben. Ihre Erinnerungen sind in vielfältiger Form in dieses Buch eingeflossen. Ich danke Helga und Manfred Stühler, den Eltern von Claudia Stühler, für ihre vertrauensvolle Unterstützung.

Ich danke besonders Edith Kerndler (seit ihrer Heirat 2009 Kerndler-Hamburger) für schöne, erhellende Gespräche und anregendes Material. Sie hat mir viele Hinweise gegeben. Ihrer Nachfolgerin im »Christkindbetreuungsamt«, Susanne Randel, danke ich für ihre Hilfe und die Möglichkeit der Einsicht in viele Akten. Besonderer Dank gebührt Stadtfotografin Christine Dierenbach für zahlreiche Fotos und Christkind-Expertin Annamaria Böckel für ihre Beiträge in diesem Buch. Andreas Franke, dem Leiter des Amts für Kommunikation und Stadtmarketing, danke ich herzlich für seine Unterstützung. Großer Dank gebührt Stephanie Jank, deren wissenschaftliche Arbeit ich nutzen konnte.

Danken möchte ich Eva Weber, Helke Hadlich, Peter Hofmann (alle Staatstheater Nürnberg), Yvonne Coulin (Congress- und Tourismus-Zentrale), Thomas L. Dietz, Michael Sauerbeck, Peter Henz und vielen anderen, die mir für Interviews zur Verfügung standen und meine Informationswünsche erfüllt haben.

Als (wieder einmal) schöne Erfahrung habe ich die aufmerksame Hilfe sachkundiger Menschen in den Archiven erlebt. Deshalb sage ich besten Dank an Dr. Wiltrud Fischer-Pache, Thomas Dütsch, Adrian Imberi, Christof Neidiger (alle Stadtarchiv Nürnberg) und Cornelia Engelhardt, Karin Hölzle-Eckhardt sowie Peter Reiser (alle Archiv Verlag Nürnberger Presse).

Großer Dank gebührt Verleger Norbert Treuheit, der sich nicht gescheut hat, meine Buchidee in die Tat umzusetzen. Ich danke sehr herzlich der umsichtigen Lektorin Carmen Wurm, die das Projekt mit großer Professionalität begleitet und befruchtet hat. Die ausgezeichnete Designerin Annalena Weber hat Text und Bild in eine wunderbare Form gebracht, wofür ich sehr dankbar bin.

Ute, meiner Liebsten, danke ich sehr dafür, dass sie mich auch bei diesem Projekt von Anfang an bestärkt und meine verschiedenen Absenzen (weil ich nur Christkinder im Kopf hatte) gelassen ertragen hat.

Sollte ich jemanden vergessen haben, so täte es mir sehr leid. Diese Nachlässigkeit hätte ich ganz alleine zu verantworten. Aber er oder sie hätte dann einen Wunsch beim Christkind frei.

Siegfried Zelnhefer

Siegfried Zelnhefer

Der Nürnberger Siegfried Zelnhefer, Jahrgang 1956, ist Journalist, promovierter Historiker und Autor. Bis zu seinem Ruhestand 2020 leitete er fast 18 Jahre lang das Presse- und Informationsamt der Stadt Nürnberg. Seit über 40 Jahren widmet er sich der Geschichte und Entwicklung seiner Heimatstadt, besonders im 20. und 21. Jahrhundert. Zuletzt erschien bei ars vivendi *Nürnberg und die Spuren des Nationalsozialismus* (zusammen mit Steffen Radlmaier).

Annamaria Böckel

Annamaria Böckel, Jahrgang 1965, ist Journalistin und Historikerin. Seit 1999 arbeitet sie als Redakteurin im Amt für Kommunikation und Stadtmarketing der Stadt Nürnberg. Mit der Geschichte des Christkindlesmarkts und der Figur des Nürnberger Christkinds beschäftigt sie sich seit vielen Jahren.